なぜ、コメダ珈琲店はいつも行列なのか？

プレジデント社

KOMEDA'S Coffee
KOMEDA'S Coffee

KOMEDA'S Coffee
KOMEDA'S Coffee
KOMEDA'S Coffee
KOMEDA'S Coffee
KOMEDA'S Coffee
珈琲所 コメダ珈琲店

KOMEDA'S
Coffee

創業間もない時期のコメダ珈琲店

はじめに

クリームソーダとミックスジュースは、子ども時代のハレの飲み物だった。親に連れられて、いろんな喫茶店（当時はカフェではない）で飲むうちに、ミックスジュースは、バナナ味が強い店とミカン味が強い店に分かれるのだ——と幼い舌で感じた。

子ども時代に好きだったものは（何かで裏切られない限り）、大人になっても好きなのかもしれない。いまでもたまに、思い出したようにクリームソーダを頼んでしまう。

この2つがメニューにある、名古屋発祥の「コメダ珈琲店」が大人気だ。東京都内をはじめ全国各地に出店して店舗数を拡大している。2016年9月現在で704店まで増え、店舗数1位の「スターバックス」（スタバ）、2位の「ドトールコーヒーショップ」に次ぐ国内3位となった。

スタバの外資系らしいオシャレな雰囲気、ドトールの効率性重視のサービスとは違う、「街の喫茶店」が3位に躍り出て好業績なのが面白い。

細かくいうとコメダは「喫茶店」でなく「珈琲所」を掲げるが、昭和型の店として存在感を示す現象は、学生時代に住んだアパートが健在なのに似た、なつかしさも感じてしまう。

そんなコメダの本社は名古屋市東区にある。最寄り駅の1つはJR中央本線と名古屋市営地下鉄・東山線が通る千種《ちくさ》駅だ。実は、ぼくが育ったのは千種から中央本線で3つめのJR勝川駅近くで、いま、勝川にはコメダのパン工場がある。

それなら、子ども時代からコメダに親しんでいたかというと、そうではない。その頃のコメダは店舗数も少なく、通ったのは別の店だった。

そんな世代でも例外はある。高校の同級生は、「小学校時代に親戚の家に行くと、必ずコメダのコーヒーを出前で取ってくれた」と話す。彼の実家の最寄り駅は新守山駅（勝川駅の隣駅）で、昔は地元にはなく、もっぱら親戚の家（名古屋市中区千代田）で体験したそうだ。いまでは新守山にコメダ珈琲店もあれば、コメダのパン工場もある。

ぼくは大学進学を機に東京に引っ越し、転勤した1年を除いて現在に至るので、コメダの利用は出張時が多かった。出版社時代の先輩（現在は人材派遣会社の名古屋支社長）に、アイスコーヒーとカツサンドをごちそうになったこともあれば、団塊世代の女性（生命保険会社勤務）への取材場所として名古屋市内の店を使ったこともある。

福井県のアパレルメーカーを取材した際は、ハンバーガーとアイスコーヒーで1人ランチをした。少し早く着いて時間があったので、デザートにミニシロノワールも頼んだ。

会社との関わりができたのは8年前だ。『日本カフェ興亡記』という本を上梓することになり、企画を進めるうち、コメダが気になって取材を申し込んだのだ。中京地区では有名だったが全国的な知名度は低く、同社を訪れるメディア関係者はほとんどいなかった。

それが今やスターバックス、ドトールに次ぐ国内3強となり、２０１６年6月に株式上場も果たした。昔は地味だった同級生が出世してクラス会にやってきた――気分だ。

名古屋在住の友人は、「コメダのよさは、変にカッコつけないこと」だという。スターバックスも時々使うのでそのよさは認めるが、モバイル機器を駆使して店内で仕事をする意識高い系の客も多い。それはそれでカッコよいが、一面で〝スタイリッシュ疲れ〟の視点で見てしまう。そこまで「デキる自分を演じて」肩が凝りませんか――と。

多くの人は、自分でドリンクやフードを運ぶ店よりも、座席に腰を下ろしたままで注文でき、店員さんが飲食物を運んでくれる店のほうが安心するのではないか。心からホッとできるという意味ではコメダに軍配が上がるように思う。

そんなコメダ珈琲店の本をまとめる機会を得た。読んでみて、「カフェや喫茶店に行きたくなった」と思っていただければ、著者としてうれしく思う。

2016年9月　高井尚之

CONTENTS

第2章

「昭和レトロなコーヒー」と「ボリュームたっぷりパンメニュー」

第3章 全世代の心をつかむ接客のアイデア

第4章 〝アンチスタバ派〟が好きな「昭和型喫茶店」の魅力

第5章 コメダの企業としての「強み」を大解明！

第1章

「コメダ珈琲店」人気の秘密を大解剖！

「スターバックス」と「ドトール」が牽引してきた
日本のカフェ業界で
存在感を増しているのが「コメダ珈琲店」だ。
喫茶激戦区として知られる愛知県の消費者に鍛えられた
独自ノウハウを武器に全国制覇をめざす。
どんな特徴があるのだろうか。人気の秘密を探った。

コメダス
01

なぜ、「コメダ珈琲店」は人気なのか？

名古屋発祥の喫茶店「コメダ珈琲店」が、全国で店舗数を拡大している。２０１６年9月現在で７０４店に増えた。利用客の人気も高い。たとえば2年前に開店した東京都内の店は今でも行列となっており、新しく出店した地域では、開店前から地元住民の間で「コメダが来る！」と話題を呼ぶほどだ。

なぜ、コメダ珈琲店は人気なのだろう。これまで『日本カフェ興亡記』（日本経済新聞出版社）や『カフェと日本人』（講談社現代新書）といった本を著し、カフェ・喫茶店における消費者心理を調べてきたぼくは、「喫茶店で落ち着いて過ごしたい、日本人の琴線に合っている」のだと思う。

昭和時代の喫茶店は、人々の憩いの場であり、懇談や談笑が似合う場でもあった。平成時代のカフェもそうした役割だが、スタイリッシュな店舗空間や淡々とした接客は、昔に比べて潤いがないように感じる。物事の変化の速さへの対応や、効率性を求められる時代を反映しているのかもしれない。

ところで国内の大手カフェチェーンで、最も店舗が多いのは「スターバックス」で１１７８店（２０１６年3月末現在）、2位は「ドトールコーヒーショップ」１１０４店（同年5月末現在）、コメダ珈琲店はこれに続く3位だ。スタバとドトールは、自分で注文して飲食も自ら座席に運ぶセルフカフェ、一方のコメダは店員が注文を取りにきて、飲食も座席まで持ってきてくれるフルサービス（と業界では呼ぶ）業態だ。注文をするためカウンターに並び、でき上がった飲食を取りに行くセルフ形式よりも、

お客がくつろげる長所がある。

半面、セルフカフェに比べて価格は高いのだが、くつろぎ重視のお客は少しぐらい飲食代が高くても納得して支払うようだ。

もう1つのコメダの特徴は「カッコつけないところ」だ。ぼくはスターバックスも時々利用するが、高齢客にとってはわかりにくいメニューも多い。もちろん、それがスタイリッシュさにもつながるのだが、アンチスタバ派の一定層がコメダに流れているのかもしれない。

だが、フルサービス業態にはお客が長居をしてしまう問題もある。コメダは来店客のくつろぎを理念に掲げているので、よほどのことがない限り、店内で過ごす客に「そろそろ…」と退出を促すことはしない。それでもコメダは効率的でないフルサービスにこだわる。

理由の1つは、同社が店のビジョンとして掲げる「くつろぐ、いちばんいいところ」にある。くつろぎとは結局のところ、来店客の「居心地」だからだ。

コメダス
02

なぜ、コメダは「お客の滞在時間」が長くても儲かるのか？

大都市のオフィス街では、昼時になると人気の飲食店に次々とビジネスパーソンが押し寄せる。店の業態や雰囲気にもよるが、食事を終えた人は待っている人のために早めに席を立ち、次の人に譲る。いわゆる「客席回転率」だが、この回転率を重視する飲食店は多い。「ウチはランチの回転率で持っている」と本音で語る店主もいる。滞在時間が短いほうがありがたいという意味だ。

ドトールコーヒーショップの平均滞在時間は約30分といわれる。これに対して、コメダ珈琲店の平均滞在時間は約1時間。ドトールのようなセルフカフェの倍以上だ。なぜ、コメダはお客さんが長居しても儲かるのだろうか。

「コメダは早朝から深夜までの長時間営業で、ランチタイム、ディナータイムという区分もありません。全時間帯にお客さんにお越しいただくビジネスモデルなのです」（営業部門を統括する専務の駒場雅志さん）

つまり、コメダの強みは全時間帯での回転率の高さなのだ。

まず朝の開店から11時まで続く人気のモーニングは、トーストにゆで卵などをサービスしても、平日の朝は慌ただしいため、お客さんの滞在時間は他の時間帯に比べて短い。コメダ本部が入るビルの1階にある「コメダ珈琲店 葵店」（愛知県名古屋市東区）はモーニングの時間帯だけで4回転近くするという。

コメダは特別なランチメニューも少なく（最近少し力を入れ始めた）、ランチタイムは他の競合店に比べて突出して強くないが、それでも来店客は途絶えない。午後のアイドルタイムや、カフェが苦手な夜の時間帯も比較的強い。全時間帯でまんべんなく客席が回転することで、平均滞在時間の長さという不利を補っているのだ。

これを利用客の側から見れば、追い立てられるような思いで飲食を味わわなくてすむので、居心地のよさや快適性につながる。

店の立地により異なるが、郊外型のコメダ珈琲店で時間帯別の主な客層を見てみると、午前中は近所の高齢者、昼時には子連れの主婦、午後は商談に使うビジネスパーソン、夕方には学生や中高年女性、夜は食事に来た友人・知人客や家族客という流れが一般的だ。

また、コメダは食材の効率性でも滞在時間の長さを補っている。たとえばモーニングで提供したゆで卵やたまごペーストを、エッグサンドやエッグトーストで使うなど、同じ食材をいろんなメニューに応用している。座席の回転率も高いが、食材の回転率も高いのだ。

コメダス 03

なぜ、1杯400円超のコーヒーが支持されるのか？

北海道に初上陸した「東札幌5条店」(札幌市白石区)でメニューを開くと、コメダのブレンドコーヒーは1杯420円となっている。喫茶店では中価格帯だが、コンビニエンスストアで1杯100円のコーヒーが買えるご時世に割安感はない。「コンビニの持ち帰りコーヒーと店で飲むコーヒーを比較するな」と言うかもしれないが、最近のコンビニは座席でイートインできる店も増えた。

なぜ1杯400円超のコーヒーが支持されるのか。東札幌5条店で最初にコーヒーチケットを買ったお客さんに聞いてみた。

「仕事での出張先でコメダはよく使いますが、コーヒーはどこもとんがっていないので何度飲んでもいい。店もセルフカフェと違って空間が広く、落ち着けるから好きです」(中村寿志さん・61歳)

周囲を見渡すと、コーヒーを飲んでゆっくり過ごす人、友人や知人とおしゃべりする人など使い方は人それぞれだ。店内には読み放題の新聞や雑誌も揃っている。

ちなみに1人で来る名古屋の常連客(特に男性客)は、一般紙やスポーツ紙、雑誌を複数読んで喫茶代のモトをとった気になる(ぼくもこれを実践して大人になった)。

つまり「居心地料金」も含めた納得価格なのだ。セルフカフェの座席は長時間座るとお尻が痛くなるし、コンビニのイートイン席も10～15分過ごすのには向く程度のイス。訪問先に少し早めに着いた時の時間調整に近くのコンビニを使い、周囲の客を観察することもあるが、みんな止まり木感覚で利用している。それに比べれば、コメダの座席は座り心地もよく、間仕切りもあるので落ち着く。これでこそ喫茶店だよね、という気分になる。

コメダはパンメニューを中心にフードも揃っているが、ハンバーガーやコロッケバンズといったバーガー類は400円台、ミックスサンドやカツサンドなどのサンドイッチは500円台から800円台だ。ボリュームが多くオトク感はあるが安いとはいえない。ドリンク＋フードで1000円を超える例も多いが、それでも利用客には支持されている。

「コメダ珈琲店 池袋西武前店」（東京都豊島区）で18歳の女性客に話を聞いた時、前にも来たことがあるという彼女は、注文したカツサンドを前にこう話した。

「フツーにおいしかったから、また来ました」

舌がとろけるような味でもなく、いままでに食べたことのない味でもない。フツーにおいしい、という言い方がコメダ愛用者らしいと感じた。

コメダス
04

なぜ、「喫茶店が減る時代」にコメダがウケたのか？

かつて「喫茶店」が右肩上がりで店を増やした時代があった。歌の世界でも多く登場しており、「学生街の喫茶店」（ガロ。1972年）や「コーヒーショップで」（あべ静江。1973年）のように大ヒット曲のタイトルにもなっていた。そんな時代は、1981年の店舗数15万4630店をピークに終わりを告げた。

それ以来、全国的に喫茶店の数（セルフカフェも含む）は減っている。日本国内にある店舗数は、最新の調査では7万454店（2012年時点。「平成24年経済センサス基礎調査」）と、最盛期の半数以下にまで落ち込んだ。それでも5万4000店超のコンビニエンスストアの1・3倍あるのだが、職場や自宅近くに昔からあった喫茶店が姿を消した経験を持つ人は多いのではなかろうか。

数字だけみれば、昭和時代に比べてカフェや喫茶店は激減しているが、少し補足説明が必要だろう。まずこれは常設店での統計なので、全国各地のイベントで設けられる期間限定のカフェは含まれない。さらに喫茶店の全盛期だった昭和50年代には少なかったハンバーガー店やコンビニ店（のイートイン席はカフェと同じ機能だ）などは含まれない。多様化したレストラン、洋菓子店の一角にあるイートイン席も同じだ。つまり喫茶店やカフェ自体の数が減り、飲食店を中心に「コーヒーを飲む場所」は増えたのだ。そんな「喫茶店減少時代」にコメダがウケた理由は、昔ながらの喫茶店への愛着や必要性だろう。

こんな話を聞いたこともある。

「私らの若い頃は風情のある喫茶店が多くありましたが、最近は少なくなりましたね。セルフカフェは多いのですが、心から落ち着ける感じはしません。あの手の店は安くて便利なのですが、個人的には喫茶店に親しみを持ちますね」（60代の男性タクシー運転手）

特に中高年は自分で注文して飲食を自ら席まで運ぶセルフカフェよりも、フルサービスの喫茶店に親しみを持つ人が多い。コメダを利用した複数の60代女性は、「近所にできたので、また来たい」と喜んでいた。若い世代でもこうした店を支持する人はいる。これまで話を聞いてきた肌感覚では、20代の喫茶店好きが増えたように感じるし、実際に東札幌のコメダ珈琲店で先頭に並んだのは19歳の男子学生だった。近年は座席間が狭くて、混んでくると見知らぬ人との相席を求められるセルフカフェは落ち着けないと感じる人が増えた。

ぼくは「セルフカフェ疲れ」と呼んでいるが、こうした消費者心理もコメダの人気を支えている。

KOMEDA'S Coffee
コメダ珈琲店
8/10(水)~8/14(日)
AM7:00~PM7:00

北海道
初上陸ルポ

あの「コメダ珈琲店」が札幌にやってきた！

コメダス
05

なぜ、道産子たちも行列に並んだのか？

お盆を間近に控えた2016年8月10日の札幌市白石区——。早朝6時半「おはようございます。いらっしゃいませ！」のかけ声が響く。「コメダ珈琲店 東札幌5条店」開業の合図だ。店は札幌市営地下鉄東西線・東札幌駅から徒歩7～8分、札幌コンベンションセンター近くにあり、周辺にはイオンやマックスバリュといった大型小売店もある。

「昨夜11時に自宅から自転車で来ました。コメダは千葉県の新浦安店でシロノワールも食べたことがあります。今回、地元・白石区に来るので、自転車に折りたたみイスも積んで徹夜したのです」（行列の先頭だった伊藤慶哉さん・19歳）

「話題のコメダが札幌に来たので、東区から4時45分に来ました」（丸岡潤さん・35歳）

行列の中には制服姿の女子高校生2人組もいた。

「夏休み中ですが、これから学校に行くところ。通学路にあるので店が工事しているのも知っていました」

実は当初の開店時間は7時だったが、店側は行列を見て6時半に開店を繰り上げ、お客さんを招き入れた。8時前には座席を待つ人が40人となり長い行列ができた。水曜日という平日にもかかわらず、店の内外は熱気であふれている。

座席数100席（禁煙席78席、喫煙席22席）、駐車場35台という郊外型店は、北海道初上陸だ。他の地域で利用経験のある人以外、大半の人は初めてのコメダ体験だろう。

開業前日、地域住民を招いてレセプションも行われ、来店客は無料でコメダの飲食を味わった。近隣の東札幌第五町内会からは記念の花輪も届いた。

「ふつうの喫茶店でこんなに夜遅くまでやっているところはないでしょう。朝も早いから夫と一緒にモーニングを食べに来ようと思っています」（同町内会の工藤恵子さん・65歳）

長く地域に根づく店にするためには、地元住民からの支持が欠かせない。建物の工事騒音や開業後の交通渋滞で迷惑をかける場合もあるので、地域との良好な関係は不可欠だ。

この店の店長は梶田和宏さん（33歳）だ。九大学研都市店（福岡県福岡市西区）など各地のオープン時に店長を務めた経歴を持つ。10日の開店前の朝礼ではこんな話をしていた。

「いよいよ、待ちに待った北海道1号店のオープンです。店舗ビジョンは『北海道の憩いの場』ですが3つの柱を再確認してください。①商品を輝かせる、②お店を輝かせる、③人が輝くです。笑顔での対応、よろしくお願いします」

営業を統括する専務の駒場雅志さんも、一言挨拶をした。

「初日ですからミスもあると思います。その時は、最後のレジを担当する人が『大変混雑していましたが、何か失礼はございませんでしたか』とひと声かけて、お客さんを気持ちよく送り出してください」

「新しもの好き」の半面、「熱しやすく冷めやすい」といわれる道産子気質。とはいえ、地域に根づいて固定ファンを増やしたカフェも多い。

昭和時代、大学の合格電報が華やかりし時代、北海道大学を受験した時の合格電報は「エルムハマネク」だった。道内の初夏の風物詩であるエルム＝楡《にれ》の木が招くという意味だ。ちなみに不合格時の電報は「ツガルカイキョウ ナミタカシ」（津軽海峡 波高し）である。

新しい店のオープンは、開業準備のゴールであると同時に、新店舗のスタートだ。

「北海道のお客さんに『コメダがあってよかった』と喜ばれる店につくりあげていきたい」（店長の梶田さん）。それには日々の積み重ねで常連客を増やしつつ、新規のお客さんにアピールし続けるしかないだろう。来年も再来年もエルムが招いてくれるように…。

コメダス

06

なぜ、激戦区の名古屋で「モーニング」は愛されるのか？

今や全国的に知られるようになった「コメダのモーニングサービス」——。朝11時までにドリンクを注文すると、焼き立てのトーストとゆで玉子が無料でつく、名古屋流の太っ腹サービスだ。競合店では、コーヒーやアイスコーヒーなどコーヒー関連メニューを頼んだ場合に限る店も多いが、コメダではつくるのに手間がかかるバナナジュースを頼もうが生レモンスカッシュを頼もうが、希望すれば無料でつけてくれる。トーストは半切れだが、厚切りなので朝食として利用する客も多い。

いま、トーストとゆで玉子と書いたが、ゆで玉子の代わりにエッグサンドの具材と同じ、たまごペーストを選ぶこともできるし、名古屋名物・小倉あんを選ぶこともできる。このサービスを始めたのは最近で、長年の常連客には高齢者も多いため、万一のどにつまらせたりしないよう配慮したのだとか（選べるモーニングを実施していない店もあるので、メニューで確認してほしい）。

オトク感のあるサービスだが、実はコメダのモーニングはモーニング戦争の名古屋では平凡だ。名古屋地区の人や当地に行く機会の多い人はご存じだろうが、トースト＆ゆで玉子は基本メニューにすぎない。メディアでも報じられる「名古屋モーニング」や「愛知モーニング」の実態はそんなものではない。もともと他地域に比べて喫茶店が多い激戦区で、顧客を取り込むためにバナナ（3分の1切れ程度が多い）をつけたり、ヤクルトをつけたり、ミニデザート（ヨーグルトやコーヒーゼリーなど）をつける店も

図表❶ 2013-2015年
都道府県庁所在地＆政令指定都市の「喫茶代」トップ20

順位	1世帯当たり年間支出額	市	県名（地方）
1	1万4301円	名古屋市	愛知県（東海）
2	1万3894円	岐阜市	岐阜県（東海）
3	8879円	東京23区	東京都（首都圏）
4	8503円	神戸市	兵庫県（近畿）
5	8059円	川崎市	神奈川県（首都圏）
6	7767円	大阪市	大阪府（近畿）
7	7387円	京都市	京都府（近畿）
8	7367円	横浜市	神奈川県（首都圏）
9	7221円	奈良市	奈良県（近畿）
10	6453円	さいたま市	埼玉県（首都圏）
11	6296円	金沢市	石川県（北信越）
12	6245円	堺市	大阪府（近畿）
13	6135円	高知市	高知県（四国）
14	6020円	高松市	香川県（四国）
15	5656円	宇都宮市	栃木県（北関東）
16	5608円	大津市	滋賀県（近畿）
17	5523円	千葉市	千葉県（首都圏）
18	5278円	相模原市	神奈川県（首都圏）
19	5057円	岡山市	岡山県（中国）
20	5039円	福岡市	福岡県（九州）

全国平均：5770円

50	2436円	宮崎市	宮崎県（九州）
51	1939円	青森市	青森県（東北）

（資料出所：総務省統計局「家計調査」平成25～27年の平均）

ある。また、トーストの代わりにサンドイッチや自家製総菜パンをつける店もある。

人口約230万人の名古屋市には約4000店の喫茶店があり、「日本一喫茶代におカネを使う都市」でもある。P31の図表❶を見ていただきたい。毎回の調査で東京23区を大きく上回り、首位を競うのが名古屋市と隣県の岐阜市だ。東京はいつも3〜4位で、大阪市は喫茶店数こそ多いが、支出金額はあまり多くない。この住民気質がコメダを育てたのだ。

ちなみに愛知モーニングとは、名古屋市以外の愛知県一宮市や同豊橋市に代表されるモーニングサービスが盛んな地域を総称した言葉だ。愛知県全域と隣の岐阜県岐阜市などはモーニング激戦区だが、特に一宮市には「一宮モーニング協議会」が、豊橋市には「東三河モーニング街道研究会」という振興団体があり、モーニングを通じた地域活性化も行っている。こうした地域のモーニングはパンメニューとは限らず、おにぎり2個＋味噌汁＋コーヒーという店（取材時の値段は500円）もあった。

こうした豪華なサービスに慣れた名古屋人や愛知県民は、コメダのモーニングに物足りなさを感じるかというと、そんなこともなさそうだ。愛知県内の来店客も「無料でつくモーニングだからこんなもの」という声が一般的だった。特にパンに対する評価は高い。

コメダス 07

なぜ、看板メニュー「シロノワール」が生まれたのか?

コメダの看板メニューといえば「シロノワール」だ。温かいデニッシュパンの上にソフトクリームとチェリーがトッピングされたもので、１９７７（昭和52）年の発売以来、そのつくり方は変わっていない。好みで別添えのシロップをかけて食べる。一度食べてハマり、リピーターになる人も多い。

なぜ、シロノワールという商品が開発されたのだろう。コメダを創業した加藤太郎さん（現・珈栄舎社長）は、「当時、世間に知られつつあったデニッシュパンを使ったメニューを出すことで、他店との差別化をしたかったのです」と振り返る。

その上に載るのはソフトクリームだ。コメダのクリームソーダもそうだが、ソフトを使ったのも差別化だという。「アイスクリームディッシャーでアイスを載せたものよりもおいしいでしょう」（加藤さん）。

シロノワールの下地となるデニッシュパンは、現在は自社工場でつくっており、つくり方も独特だという。「通常のデニッシュパンは24層か36層なのですが、コメダのものは64層です。温かいデニッシュパンにソフトクリームを載せると、徐々に溶けて浸してきますが、その時のおいしさにもこだわっています」（同）。

ところで「コメダ」の店名の由来をご存じだろうか。実は米穀店から来ている。もともと加藤さんの実家はお米屋さんだったが本人は跡を継がなかった。１９６８（昭和43）年に開業する時に、「父への尊

敬の思いを店名に込めた」という。コメダは「米屋の太郎」を縮めた命名だ。

一方、シロノワールの名前の由来は、フランス語で「黒い」ことをノワール（noir）といい、黒っぽいデニッシュパンの上に「白い」ソフトクリームが載っていることから「シロ＋ノワール」でつけられたという。相反する2つのものという意味もあり、「温かい」デニッシュパンに「冷たい」ソフトクリーム、「白と黒」の思いも込めているそうだ。

実は、名古屋人にとってソフトクリームはソウルフードでもある。そうなったのはコメダではなく、ラーメン店として当地では有名な「スガキヤ」（Sugakiya）の功績だと思う。創業70年を迎え、現在（2016年）でもラーメンが1杯320円で食べられるこの店は、ソフトクリームも看板メニューで、レギュラー150円、ミニソフト100円で食べられる。ラーメン＋ソフトクリームがワンコインでお釣りがくる店なのだ。

「フードコート」なんて言葉もない昭和時代から、大型スーパーの一角に店を出していたスガキヤは、世代によって当時のラーメンの価格が100円台だったり、200円台だったりするが、子どもが成長して初めて自分のおカネで外食できた店だ。今でも中学生や高校生が気軽に店を利用する。親に連れられて、あるいは友人同士でこの店のソフトクリームを味わい、大人になった名古屋人は多い。

そうしたソフトクリームへの郷愁をコメダは上手に取り込んでいるように思うのだ。

コメダス
08

なぜ、みそカツサンドやジャーマンのキャベツが爆盛りなのか？

千葉県と北海道のコメダ珈琲店で人気メニューの1つ、みそカツサンドを食べた。ボリューム満点という言葉が実感でき、米国の店で食事をしたような（?）気分だ。ランチにサンドイッチでは腹持ちがしない、と思う大食漢でも満足できる量。ボリュームのあることは、名古屋型喫茶店に共通のものだ。よく名古屋人は「ケチ」といわれるが、喫茶店のメニューに関しては太っ腹だ。時々利用する他店の例で紹介してみよう。

名古屋の繁華街「栄」の交差点に近い中日ビル2階に「サンモリッツ」という座席数の多い喫茶店がある。開業したのは1962年で、高度成長期は「サンモリッツでケーキとお茶を楽しむことがトレンドだった」（当時を知る年配女性）という店で、今でも洋菓子が人気だ。名前が示すようにビルの所有者は中日新聞社で、中日ドラゴンズの球団事務所もあるビル内には、劇場やカルチャーセンターもあり、昔から女性客が多い。

少し前にこの店を3人で利用した際、同席者はチョコバナナパフェ（当時730円）を注文した。やがてウエイトレスさんが持ってきたのは、かさ高の容器にフルーツやアイスもたっぷり入ったパフェで、頼んだ本人はその圧倒的なボリュームに感動していた。

コメダのサンドイッチの話に戻ろう。カツサンドに使われるパンは、実はミックスサンドで使われる

パンとは違う。何となく同じパンだと思って食べていたが、並べてみると形からして違っていた。カツサンドのキャベツ、ミックスサンドのキュウリやレタスなど野菜もたくさん入っている。ジャーマン（上の写真）などスナック（フード）メニューに添えられる野菜はさらに多い。どんなに野菜が値上がりしても量を減らさないという。
「特に主婦の方は、野菜が高い時期は敏感です。そんな時期でもたっぷり野菜を入れてあげると大変喜ばれます。コストが上がると心配する声もありますが、そんな程度のコストアップなど大した問題ではありません」と創業者の加藤太郎さんは話しており、その哲学を現在の店でも守っている。
ボリュームが多いのは、自慢のパンメニュー、野菜をたくさん食べてほしい思いもあるようだ。名古屋の結婚式の引き出物が大きいのに通じる、オトク感やお客へのもてなしといえよう。後で紹介するが、コメダのパンは結構手間をかけてつくられている。

コメダス
09

なぜ、メニューに「ごはんモノ」がないのか？

昭和型喫茶店の代表的なフードメニューといえば、サンドイッチ、スパゲティナポリタン、カレーライスが御三家といえるだろうか。その日の気分で違うメニューを食べたいお客さんには親切なメニュー構成だが、実は、これは個人経営の店（個人店）に多かった事例だ。

コメダ珈琲店にはごはんモノと呼ばれるメニューはない。中心となるのはパンメニューで、こちらはバーガー類が4種類（ハンバーガー、コロッケバンズ、エッグバンズ、フィッシュフライバーガー）、特製サンドと呼ぶ、サンドイッチ・トースト類は12種類（ミックスサンド、ハムサンド、エッグサンド、ポテサラサンド、カツサンド、みそカツサンド、エビカツサンド、あみ焼きチキンホットサンド。ミックストースト、ハムトースト、エッグトースト、ポテサラトーストもすべてサンドされて）揃っている。ホットドッグもある。

ちょっと異色なのは、コメダ特製ピザ、コメダグラタン、ビーフシチューぐらいか。それにコメチキと呼ぶ、骨なしチキンも用意されている。でも、やっぱりごはんモノはない。

「正式な店名は『珈琲所 コメダ珈琲店』ですから、コメダのメニューはすべてコーヒーを中心に構成されています。喫茶店としてのスタンスにこだわり、定食屋さんではないので、ごはんモノは置いてありません」（コメダ広報担当の清水大樹さん）

喫茶店におけるごはんモノといえば、カレーライス以外にハヤシライス、定食系ではハンバーグ定食

や生姜焼き定食が代表的な存在だ。さらに、から揚げ定食が人気の店もあるし、本日のランチとして日替わり定食を提供する店もある。ただし、その多くは個人店だ。スターバックス、ドトール、タリーズコーヒーなどの大手チェーン店も、ごはんモノは手がけていない。

ある大手チェーンの社長は、こう説明していた。

「多くの店舗を展開するチェーン店では、ごはんモノはチェーンオペレーション（店の運営）が煩雑になり、アルバイトやパートの方では調理も大変です。その中で最も手がけやすいのは、仕込みや盛りつけがしやすいカレーライス類でしょう」

この話を裏づけるように、北海道から九州まで全国に240店以上展開する「珈琲館」では、ごはんモノとしてカレーライスやハヤシライスを提供している。

基本的に個人店と大手チェーン店では戦略が異なる。個人店では、高度成長期以降に伸びたファミリーレストランに対抗するために、ごはんモノを取り入れた経緯もある。

もう1つ。コーヒーに象徴されるように「どこの店でも同じ味」をモットーとするコメダ珈琲店の場合は、ごはんモノに広げるよりもパンメニューを深める手法なのだ。

Column.1

実は、コメダはドトールよりもオトク⁉

「コメダ珈琲店」のブレンドコーヒーは1杯400〜420円。大手カフェチェーンの中で低価格の「ドトールコーヒーショップ」のブレンドコーヒー（S）は220円とコメダのほぼ半額ですむ（価格はいずれも2016年9月現在）。使っている豆や淹れ方が違い、セルフカフェ（ドトール）とフルサービス（コメダ）の違いもあるので単純に比較できないが、安さという点ではドトールの圧勝だ。

これだけ見るとコメダにとって不利な話だが、コーヒー＋フードの「モーニングサービス」では、ドトールの「朝カフェ・セット」はAセット〜Cセットが各390円。一方のコメダは、トーストとゆで卵が無料なので400〜420円と急接近する。

そして、こんな計算をする業界関係者もいる。

「当店のコーヒーは1杯1000円近くしますが、お客さんの平均滞在時間は1時間以上です。1000円を60分で割ると1分当たりの価格は17円弱。一方、都心のセルフカフェは混雑するので滞在時間10分で店を出る人もいる。同じ計算を1杯200円として10分で割ると、1分当たりは20円です。当店は雰囲気やサービスを訴求していますが、実は割安ともいえます」（高級カフェチェーンの運営会社談）

この計算をドトールとコメダのコーヒーに当てはめると、ドトールの平均滞在時間は約30分、コメダは約60分なので、それぞれ7・3円と7円となり、コメダに軍配が上がる。コメダにはドトールにはない「コーヒーチケット」（9枚つづりで500円オトク）があり、これを使うとさらに安くなる。

店員さんが注文を取りにきて、飲食物も運んで来てくれることを思えば、オトク感も増しそうだ。

コメダス
10

なぜ、「いつもの…」で注文が通るのか？

長年その店に通う常連客が多いのもコメダの特徴だ。特に歴史の長い名古屋地区には、たくさんの固定ファンがいる。当然ながら常連客の好みはさまざまだ。

本部機能がある株式会社コメダと同じビルにある「コメダ珈琲店 葵店」（名古屋市東区）の店長を務める梅田好江さんは、常連客の多くの定番メニューを覚えている。

たとえば、朝の時間に来店する年配女性2人組が決まって注文するのは、「ブレンドコーヒー（無料のモーニングセットつき）と別料金（＋200円）のミニサラダ」だ。片方のサラダはピーマン抜き、もう一方はキュウリを薄切りにするという。1人のトーストはバター少々で提供している。梅田さんが本店（同市瑞穂区）店長時代の別の女性客には、コーヒーとバターなしのパン、キュウリなしのサラダで、コーヒーにはフレッシュミルクもつけなかった。「いつもの…」と注文を受けると、そのメニューがきちんと提供される。

梅田さん以外の人も認識できるよう、他のスタッフにも共有する。「あのお客さん、前も来られたよね。あの人の注文の仕方は…と会話に混ぜて伝えます。トーストをよく焼いてジャムをつけるお客さんは、いつしかスタッフの間で『よく焼きジャムの人』と呼ぶようになり、その情報が新しいスタッフにも共有されていきます」（梅田さん）。

「耳きり4本線」というのもある。これはモーニングで提供する半切れのトーストは通常、パンの耳つきで2本の線が入っているが、この線を4本にして周囲の耳を取って提供するトーストだ。そのほうがちぎりやすく食べやすいからだという。こうしたかゆいところに手の届くようなサービスが、常連客に支持されている。

コメダに限らず名古屋型の喫茶店は、長年通うシニア層に支持されているから今でも健在というお店が多い。一方で、この手の店は「常連のたまり場」となって、一見客が訪れると「オレたちのシマに何しに来た」という視線を向けられがちなのだが、コメダは若者や家族客も多いので、そうした空気感は薄い。たとえていえば、昭和時代の百貨店の「お好み食堂」のような空気感か…。

そのコツは、「一定の好みには応じますが、極端な特別視はしません。基本的にコメダは常連のお客さんも一見のお客さんも平等に対応します」（梅田さん）だという。

第2章

「昭和レトロなコーヒー」と「ボリュームたっぷりパンメニュー」

かつてコメダを「喫茶店のテーマパーク」と
説明してくれた業界関係者がいた。
多様なメニューを揃えて訴求するという意味だったが、
実はメニューは絞り込まれている。
看板商品のコーヒーの製造方法も独特だ。
ここでは主にメニューの視点から、コメダらしさを見てみたい。

コメダス 11

なぜ、コメダは「喫茶店」でなく「珈琲所」なのか？

コメダの最大の主力商品はコーヒーだ。店名にもその姿勢が表れており「珈琲所『コメダ珈琲店』」と2度、珈琲《コーヒー》の文字を掲げている。店舗数は少ないが同社は甘味の店も経営しており、こちらの店名は「甘味喫茶 おかげ庵」だ。かつては高級喫茶「吉茶」という店もあった。

なぜ、コメダ珈琲店は喫茶店ではなく珈琲所なのかは、看板商品のコーヒーへのこだわりからきている。昔のコメダは1杯ずつ手で淹れていたという。

知名度が上がるにつれて知られるようになったが、現在のコメダのコーヒーの製法は独特だ。どんなつくり方をしているのかは、20代の頃は店舗スタッフとして働いた経験もある広報担当の清水大樹さん(33歳)に簡単に説明してもらおう。

(清水)「まず、世界中のコーヒー豆から選んだ4種の生豆を7種の焙煎豆にしています。そして粉の状態にした後、2枚に重ねた布でゆっくり落として抽出します。その後、充てん・冷却します。ここまでを専用のコーヒー製造拠点で行った後、そこから各店に配送しています。店では温度管理を徹底して、最適温でお客さんに提供しているのです」

え、ということは、店で布《ネル》ドリップや紙《ペーパー》ドリップで淹れるわけではないのですね。

(清水)「はい、そうです。コメダでは約40年前からこのやり方を採用しています。最も大きな理由は、どこの店でも同じおいしさにするためで、創業者は淹れる人によって味が変わらないよう、均質化にこだわりました。コメダオリジナルブレンドはブラックでは深みがあり、高乳脂のフレッシュと砂糖を加えることで、さらにバランスがよく飲みやすくなります。ホットコーヒーで使う厚手のカップは、口当たりのよさと時間経過による温度低下を避けるために設計されたものを使っています」

なるほど、そうつくっているのか――と書いてみたが、実は長年取材しているので、店で抽出しないことは知っていた。「最近はコーヒーをブラックで飲む人が多いが、ぜひ砂糖とコーヒーフレッシュを入れて味わってほしい」と老舗コーヒー店の人も言っていたな…。

実際に店で飲むお客さんはどう感じているのかも何度か聞いてきた。そんな声も少し紹介してみよう。

「ミルクとお砂糖を入れて飲んでみました。コーヒーが好きなので、京都のイノダコーヒーのような老舗にも行きますが、コメダのコーヒーはそれとは違う味。でもおいしいですね」（東京都練馬区の50代女性）

「コメダのコーヒーはどこの店でも同じ味なので安心できます。仕事柄、いろんな地域を走り回るので、各地にあるコメダには時々行きます。クルマも安心して止められるので行きやすいですから」（愛知県名古屋市のタクシー運転手の男性）という声が目立った。コーヒー通からの「コメダのコーヒーはおいしくない」という声も確かにあるが、それほど多くなかった。

何年か前に北海道で乗車したタクシーの運転手さんに、「おススメのラーメン店はどこですか？」と聞いた時、こんな答えが返ってきた。「う～ん、どうでしょう。好き好きですからね。以前はお客さんに聞かれると、自分の好みの店をお知らせしましたが、あまり喜ばれたことがないのですよ（苦笑）」。まあ、飲食に対する好みはさまざまだからな、と納得した次第。

なお、コメダのコーヒーのファンに向けて、店ではコーヒー豆なども販売しているそうだ。

コメダス
12

なぜ、アイスコーヒーの基本はガムシロップ入りなのか？

「アイスコーヒーは日本人が発明した」という説があるが、「はっきりとした文献も残っておらず、根拠のある話ではない」とも聞いた。でも、明治時代から冷たいコーヒーは登場していたそうで、日本がアイスコーヒー先進国として世界をリードしてきたことは確かだ。

ぼくも、コメダではアイスコーヒーを頼むことが多い。銀色のマグカップに入って出てくるのも好きだ。この容器を使うのは、グラスに比べて時間が経っても冷たさが保たれるからだという。確かにグラスのアイスコーヒーは、途中でおしゃべりに夢中で飲むことを忘れると、氷が解けてすっかり薄まってしまう。

コメダのアイスコーヒーはガムシロップが入っているのが基本で、別添えのフレッシュをお好みで入れる。昭和時代におなじみだった方式だ。その理由は、後でガムシロを入れるとコーヒーの味が薄くなり風味を損なうからだとか。でもブラックを頼んで、ガムシロを別添えにしてもらうこともできる。

最近では、ガムシロップ抜きの商品を開発した。その名も「金のアイスコーヒー」――。

「主に良質なアラビカ豆を利用したドリップコーヒーに、コク深いエスプレッソコーヒーを加えることで、強いだけでない、クセのない上質の味を実現しました。より一層おいしさを引き立てるため、重厚な高級感と深み、光沢を持つ銅製のマグカップを使用しています。ストレートでお楽しみいただくため、

通常のアイスコーヒーとは違い、フレッシュはおつけしていません」（広報・清水さん）

背景にあるのは、健康志向と好みの変化だ。最近はアイスコーヒーでもミルクを入れないで飲む人が増えた。もちろん個人差はあるが、ブラックで飲みたい人が多くなったのだ。

そういえば、昔は関西の喫茶店の来店客は「アイス」とは言わずに「冷《れい》コー」と注文していたな――と思い出して調べてみると、店員さんがそう注文を通していたのが、お客さんの間で広まったとか（諸説あり）。通っぽく頼むのが流行った時代だったのだろう。

ぼくが社会人になった１９８６年のこと。当時の上司に連れられて入った東京・赤坂の喫茶店「珈琲家族」で、上司がこんな頼み方をして驚いたことがある。

「オレは、抜きバニラ」

「かしこまりました」といって奥に下がったウエイトレスさんが、やがて持ってきたのは、見た目は普通のアイスコーヒー。実は、この店のアイスコーヒーはサービスでバニラアイスが入っており（いわゆるコーヒーフロート）、それを抜いてほしいという注文だったのだ。その店は上司の行きつけで、カウンターの向こうでは黙々と作業をしていた。

この場面は30年たった今でも、昭和の喫茶店の象徴として思い出す。常連客の好みを覚えていて、カッコつけた頼み方でも抜かりない。昔はこうだったな、と思うのだ。その珈琲家族は２０１２年頃まで営業していたが、現在はない。

コーヒーフロートという名前ではないが、コメダ珈琲店にもソフトクリームをのせた「クリームコーヒー」がある。こちらはシロノワールと同じソフトクリームが、グラスからはみ出していた。

コメダス 13

なぜ、近年のトレンド「サードウェーブ」と一線を画すのか?

カフェの人気が高まるにつれて、各店が独自の特徴を打ち出すようになった。近年、コーヒーにこだわる店で評判なのが「サードウェーブコーヒー」だ。

文字どおり「第三の波のコーヒー」という意味で、もともとは米国発の言葉。生産国でのコーヒー豆栽培から、店での淹れ方までこだわることだ。具体的に特徴を記すと、①生産国でのコーヒー豆の栽培を重視、②流通過程の透明化、③自家焙煎、④1杯ずつ手作業で抽出する――が挙げられる。

コメダのコーヒーがこうした手法をとらないのは、前に紹介したとおりだ。コーヒー製造拠点で抽出したものを各店に運び、店では温度管理にこだわって提供する。「どこの地域のどの店で提供しても、均一の味になるよう」追求した結果だという。

――と書いてきたが、最近は新たな試みも始まった。2016年7月15日にオープンした「コメダ珈琲店 渋谷宮益坂上店」(東京都渋谷区)では、一部に「大人のコメダ」ともいうべきメニュー展開をしている。ホットコーヒーでは「ブラジル サンジョゼ農園」(880円)や「エチオピアモカ」(720円)、「コメ黒」(650円)といったコーヒーを提供しており、1杯ずつ手作業で抽出している。

また、近年のもう1つのトレンドに「シングルオリジン」がある。こちらは1種類のコーヒー豆を使うもので、浅煎りや深煎りなど豆の特徴を生かして適温で淹れれば、その豆本来の味が楽しめる。店のこの度はご購読ありがとうございます。アンケートにご協力ください。

本のタイトル

●ご購入のきっかけは何ですか?(○をお付けください。複数回答可)

1 タイトル　2 著者　3 内容・テーマ　4 帯のコピー
5 デザイン　6 人の勧め　7 インターネット
8 新聞・雑誌の広告(紙・誌名　)
9 新聞・雑誌の書評や記事(紙・誌名　)
10 その他(　)

●本書を購入した書店をお教えください。

書店名／　(所在地　)

●本書のご感想やご意見をお聞かせください。

●最近面白かった本、あるいは座右の一冊があればお教えください。

●今後お読みになりたいテーマや著者など、自由にお書きください。

どうもありがとうございました。

郵便はがき

おそれいりますが
52円切手を
お貼りください。

1028641

東京都千代田区平河町2-16-1
平河町森タワー13階

プレジデント社
書籍編集部 行

フリガナ		生年（西暦） 年	
氏　名		男・女	歳
住　所	〒 TEL　（　　）		
メールアドレス			
職業または 学校名			

ご記入いただいた個人情報につきましては、アンケート集計、事務連絡や弊社サービスに関するお知らせに利用させていただきます。法令に基づく場合を除き、ご本人の同意を得ることなく他に利用または提供することはありません。個人情報の開示・訂正・削除等についてはお客様相談窓口までお問い合わせください。以上にご同意の上、ご送付ください。

＜お客様相談窓口＞経営企画本部 TEL03-3237-3731
株式会社プレジデント社　個人情報保護管理者　経営企画本部長

メニューで「生産国・地区・農園」が記してあり、「ブレンド」されていなければ、シングルオリジンのことだ。たとえば「グアテマラ　アンティグア　プエルタベルデ」といった銘柄がそれに当たる。前述の「ブラジル サンジョゼ農園」はブレンドでシングルオリジンではない。

一般的なコメダ珈琲店のコーヒーメニューは多い。ブレンドコーヒー、アメリカンコーヒー、カフェオーレ、ウインナーコーヒー、アイスコーヒー、アイスオーレ…と昭和の喫茶店のラインナップがズラリと並ぶ。アイスオーレにソフトクリームがどかんと載ったクリームオーレなんてのもある。メニュー数は多くても専門的に深めないのがコメダの流儀だ。

もともと特定層に訴求しないのは創業精神の一つだが、基本路線は踏まえつつ、立地によっては新たな展開も試みている。今後は一部の店舗で「サードウェーブコーヒー」を味わうこともできそうだ。

コメダス 14

なぜ、コーヒーを店で1杯ずつ抽出しないのか？

コメダが長年こだわってきた、どこの店でも同じ味が楽しめるコーヒーの均質性。今回、その製造現場を初公開してくれた。取材班が足を運んだのは、愛知県内のコーヒー製造拠点だ。

出迎えてくれたのは責任者の神谷英雄さん。入社35年になる神谷さんは、コメダが店舗での抽出から均質製造に切り替えたときから担当している専門家だ。身体に刻み込んできた自社流のコーヒーについてこう説明してくれた。

「コメダのコーヒーの香味コンセプトは、すっきりした口当たりと砂糖、ミルクにも負けない、しっかりとしたボディをもつものです。味わいでは力強い苦味とさわやかな酸味が調和しており、雑味や異臭がないのも特徴です」

つまり、誰でも飲みやすいという意味だろう。ここでいう「ボディ」とは、コーヒーのコクや厚みを示す言葉だ。「雑味」とはコーヒー好きな人にはおなじみだが、上手に淹れないと出てしまう好ましくない味のこと。ただし、コーヒーは嗜好品なので、こうした微妙な味を好む人もいなくはない。

「コメダのコーヒーは、一部のコーヒー通の人に向けたこだわりのある味として設計していません。たとえば人気の『キリマンジャロ』（タンザニア産のコーヒー豆の日本での呼称）は淹れ方によりますが、コクがある一方で酸味もあるし、クセもあります。もちろんそれが好きという人もいますが、人によって

違うので、万人受けをめざす均質の味づくりとしてはむずかしいのです」（神谷さん）

コーヒーを均質製造して各店に配送するやり方はさまざまなメリットがあるという。最も大きいのは、どこの店でも同じ味が安定して提供できることだ。この味でコメダのファンを増やしてきた。受け入れる各店では、注文を受けて1杯ずつ抽出するやり方に比べて提供が速くなる＝コメダの各店では「お客さんを待たせない」こともモットーだ。また、店では淹れ終えた後のコーヒーかすや使用済みフィルターなどのゴミが出ないので、その分、別の作業に注力することができる。

「均質製造と聞くと、効率性重視ばかりに思われるかもしれませんが、決してそんなことはありません。手間もコストもかけており、製造過程の随所に、コーヒー屋であるコメダとしてのこだわりがあります」と神谷さんは胸を張る。そのこだわりを次で紹介してみよう。

コメダス

15

なぜ、「店でおいしい味」にできるのか？

コメダのコーヒー豆は「アラビカ種」と「ロブスタ種」が使われている。

専門的な話になるがコーヒーの三大原種としては、①アラビカ種、②ロブスタ種、③リベリカ種があり、風味豊かな上質のコーヒー豆として知られるティピカ種やブルボン種は①の派生種だという。ロブスタ種はアラビカ種に比べて苦味が強く、麦茶のような香ばしさが特徴だが風味としては劣り、缶コーヒーやインスタントコーヒーに使うことも多い。

コメダの場合は、前項で紹介した香味コンセプトを実現するために、ロブスタ種もブレンドしているという。「コロンビアなどのコーヒー産出国から、高級品のスペシャリティコーヒーに近い豆を輸入して、独自のコメダブレンドとしています。ブレンドにするのは、それぞれの豆の特徴を入れることで単品（シングルオリジンの豆）よりもおいしくなるからです」と神谷さんは説明し、こう続ける。

「まず、コーヒー産出国から厳選した4種類の生豆を7種類の焙煎豆にします。この時、1種類ずつ焙煎するのが特徴です。ある豆は浅煎《い》り、別の豆は深煎りというようにそれぞれの豆の特徴を生かしているのです。全部一緒に焙煎したほうが効率性はよいのですが、風味を重視してこうした焙煎方法を取っています。そのやり方も『低温長時間焙煎』と呼ぶ、ゆっくり焼いて中まで焙煎する手法を採用しています。サンマの焼き具合に似ているのですが、高速焙煎で一気に焼くのに比べて、じわじわと中まで焙

煎することで豆の特徴が生きるからです」

こうして焙煎された豆を、独自の比率でブレンド（アフターミックス）した後で粉砕する。その後に行われるのが抽出だ。

「ここでもコメダ流のダブルネルドリップ方式で落とし、すっきりした味わいに仕上げます」（神谷さん）

手間ひまをかける一方でムダを省くのもコメダの持ち味の一つだ。こうして抽出されたコーヒーは、出荷段階では廃棄ゼロだという。各店から注文が入った翌日に合計本数を抽出するが、あえて少なめに抽出するのだ。足りない分は、当日の朝に残り分を抽出するので余分な在庫を抱えなくてすむ。製造拠点は年中無休で稼働するという。

2章の冒頭で紹介したように、そこから配達されたコーヒーを各店では温度管理を徹底して、最適温でお客さんに提供している。「最適温」と書いたが、ホットの場合は、お客さんによっては熱くしてほしい人もいれば、ぬるめにしてほしい人もいる。店ではそうした注文にも応えている。

コメダス
16

これが「スペシャル豆菓子」の正体だ！

喫茶店でコーヒーを頼むと、小袋の豆菓子が無料でついてくる――のは名古屋地区の喫茶店では当たり前だ。店によって、この豆菓子がピーナッツだったり、あられだったりする。名古屋市瑞穂区の喫茶店でコーヒーを頼んだら、ミニカップケーキがついてきたこともあった。とにかく小さなお菓子をつけるのが名古屋流サービスだ（モーニングの時間帯は除く）。コメダは全ドリンクに豆菓子をつけている。

小袋の豆菓子やピーナッツには隠れファンも多い。店で食べずに、自宅で飲むビールのおつまみに持ち帰る人もいる（ぼくもやったことがある）。コメダの広報担当は、付き合いのあるメディアの担当者に豆菓子を持参して喜ばれているという。

コーヒーに豆菓子がつくのは、戦後の高度成長期以降に浸透した名古屋流「オマケ文化」の1つだ。名古屋人は同じ値段でオマケがつくのを愛するというか、それが当たり前だと思っている。その象徴がコメダの看板メニューでもあるモーニングだ。

「何でモーニングサービスなのに、コーヒー代より値段が高いんだ！」（男子）

「朝の喫茶店のトーストが別料金なんて信じられない！」（女子）

とは、名古屋人が最初に東京の喫茶店に対して思うこと。この話は、ホントにあちこちで耳にする。

話がそれたが、「コーヒー＋小袋の豆菓子」は地元企業のヨコイピーナッツ株式会社（本社・名古屋市

港区。名古屋駅から歩いていける菓子問屋街「明道町《めいどうちょう》」近くに小売店もある）が発案したそうだ。せっかくなので豆菓子がついた歴史を紹介しよう。

「昭和30年頃、関東でピーナッツの薄皮をむく機械が開発されました。そこで当社は、むいたピーナッツを喫茶店向け商材として焙煎メーカー（各喫茶店にコーヒー豆だけでなく食材も納入する）に提案し、次々に採用されたのです。コーヒーとピーナッツは相性もよかったのでしょう。最初は一斗缶で納品していましたが、昭和36年、私の父である当時の社長が、その頃の初任給（1万2000円）の100倍にあたる120万円の設備投資をして小袋入りのナッツを開発。最初は売れませんでしたが、やがて品質管理や衛生面が評価されるようになり、喫茶店での取り扱いが拡大したのです」（同社・横井雅孝社長）

それが名古屋地区の各店に広がり競合メーカーも追随。コメダ珈琲店も取り入れたが、コメダは別のメーカーの品を採用した。

ちなみにこの豆菓子、名古屋地区と東京地区のコメダ珈琲店では中身が違うのをご存じだろうか。名古屋地区の店で出てくる豆の製造元は、株式会社GOLDENとなっており、東京地区では株式会社コメダとなっている。

GOLDENとは、ナゴヤゴールデンフーズという会社の一部門が分社化した社名だ。出張や旅行の際に各地のコメダに行く機会があれば、食べ比べてみるのも面白いかもしれない。

コメダス
17

なぜ、クリームソーダの容器は「長靴型」なのか？

コメダでクリームソーダを頼むと、山盛りのソフトクリームが載ったソーダが、長靴型のグラスに入って運ばれてくる。クリームソーダが大好きな子どもはもちろん、若い女性にも人気だ。「ブーツグラス」と呼ぶらしい。

なぜ、長靴型なのだろうか。

「コメダ珈琲店の開業時に食器屋さんと商談したら、『ドリンク用のグラスはこれが、デザート用のサンデーグラスやロイヤルグラスはこれが普通です』とサンプルを示された。言われるままに取り入れては他店との差別化もできません。新しさを打ち出したかったので、さまざまな食器メーカーや問屋を見て回り、ブーツグラスを見つけたのです」（創業者の加藤太郎さん）

店で冷たいドリンクを注文すると、オレンジジュースやバナナジュース、ミックスジュースなどはフタつきのダルマ型グラス（と呼ぶそうだ）、シェークやミルクセーキは少しカタチが違うフタつきグラス、アイスコーヒーは銀色のマグカップ…と、さまざまな容器で登場する。これらも加藤さんの発想で、ダルマ型はコメダオリジナルだ。フタをしたほうがよく冷えるのだという。

同じ光景を見て、ひらめく人とひらめかない人がいる。加藤さんも自分の店に対する目的意識を強く持っていたから、他店と同じグラスには納得いかず、探し続けてブーツグラスにピンときたのではないだろうか。

その目的意識の1つは「幅広い客層に訴求する」ことだった。コメダが創業された昭和40年代の喫茶店は男性客が主体で、多くの男性がタバコを吸う時代だった。現在は成人男性の喫煙率は29・7％と3割を切っているが（2016年JT＝日本たばこ産業調べ）、コメダ創業2年前の1966（昭和41）年には83・7％もあったのだ（記録が残る昭和40年代以降ではこれが最高値だ）。

また、当時は喫茶店のメニュー開発もさほど求められず、ある競合チェーン店からは「注文の約6割がブレンド、アメリカン、アイスコーヒーの3品だった」と聞いたことがある。コメダが成人男性だけをターゲットにしていたら、たとえクリームソーダ用でも、この手のグラスを導入しようと思わなかったはずだ。

コメダは、来店客のワクワク感も大切にしていると聞く。そのワクワク感は、写真つきドリンクメニューを見て頼むときもそうだ。「これ、かわいい」と頼んだものがイメージどおりであれば、飲む前から期待もふくらむだろう。ちなみに、このブーツグラスやフタつきダルマグラスを買うことができる店もある。価格は店によって異なるが1850円前後。少し高い気もするが、「うちカフェ」用に買っていく人もいるようだ。

コメダス
18

なぜ、「シロノワール」は期間限定の「クロノワール」に変わったか？

コメダの看板商品「シロノワール」は1977年から販売している40年のロングセラーブランドだ。長年、デニッシュパンにバニラソフトを載せて、シロップを添えて出すという開発時のスタイルを守ってきたが、近年は派生商品も出すようになった。たとえば2015年10月1日からは期間限定で「Ringoノワール」が登場。デニッシュパンの中にカスタードクリームをはさみ込み、その上と横には切ったリンゴをちりばめ、秋の新作デザートとしてお客さんに訴求した。

さらに2016年のバレンタイン時期には、「チョコ色に染まれ！　コメダのチョコ祭り」と題したイベントを開催。各店舗でクリームソーダやアイスココアなどソフトクリームを使ったメニューを、バニラソフトからチョコソフトに変えた。シロノワールもチョコソフトの「クロノワール」となった。反響も高く、「夜遅くコメダ珈琲店に行ったら、クロノワール（大）がなく、（小）しか食べられなくて残念」などブログで紹介する女性もいた。

なぜ、シロノワールは派生商品を出すようになったのだろうか。

「当社の看板商品ですが、デザートが多様化するなか、味やトッピングへのご要望が増えてきたからです」と話すのは、マーケティング本部長の中山拓美さんだ。日本マクドナルド株式会社に長年勤務した中山さんは、同社の上席部長を務めるなど、店舗勤務からマーケティングまで幅広く仕事をしてきた。その経験も踏まえて商品と向き合い、FC店オーナーも入った「デザート改革プロジェクト」の活動では、中京地区のお客さんから「もう十分に食べた」という声も耳にした。

そこで新たな商品開発を…という単純な話ではなかった。「変わらずに、いつも同じ味の商品を提供し続けるのがコメダのやり方だ」「季節限定の商品はコメダにはなじまない」という反対意見も多かった。そうした声とも向き合いながら投入したのが派生商品だった。

「うまくいった例もあれば、少し苦戦した例もありますが、以前からのお客さんにも喜ばれ、新しいお客さんのご利用も増えました。シロノワールは注文される方の7〜8割が女性で、年齢は20代から50代が中心ですが、季節のシロノワールは、もう少し若いお客さんも積極的に注文されます」（中山さん）。

この取り組みは、マーケティング用語で「ブランドの活性化」と呼ぶものだ。

せっかくなので、シロノワールの大先輩の事例を紹介しよう。

タワシの代名詞として知られる「亀の子束子」は1907（明治40）年に発売された百年ブランドで、現在に至るまでつくり方が変わらない。原材料はヤシやシュロで、色は茶褐色なのはご存じのとおり。茶渋が簡単に落ちるなど機能性に優れているが、色味は現代的なキッチンに合うとはいえない。実際に「使い勝手がいいのはわかっているけど、あの色合いでは置きにくい」（40歳の女性）という声も聞いた。

そこで新たに「白いたわし」シリーズを開発して、ベーグルのような円形にしたところ、「かわいい」と新たな女性客から支持されるようになったのだ。

ロングセラーで怖いのは、時代感覚がズレて「昔、お母さん（おばあちゃん）が愛用していた」と〝過去の商品〟になってしまうこと。長年の顧客を大切にしつつ、新たなお客も獲得しなければならない。

コメダス 19

なぜ、シロノワールのデニッシュは「64層」なのか？

その昔、「♪あさ いちばんはやいのは、パンやのおじさん」という歌があったように、パン屋さんの朝は早い。この日、撮影スタッフは朝5時過ぎに都内をクルマで出発して、千葉県印西市にあるコメダ千葉工場へと向かった。走ること2時間以上、やがて工業団地の中に真新しい工場社屋が姿を現わした。クルマを降りると、工場で働く従業員さん何人かとすれ違った。これから出勤という人もいる。

千葉工場の製造現場スタッフの早番は、通常は早朝3時半出勤（交代勤務制）、この日は金曜日で週末の消費量をまかなうために2時半に出勤していたという。本当に歌詞のとおりの世界なのだ。

もともとコメダのパン工場は本拠地である愛知県の工場ですべての生産をまかなってきた。工場は名古屋市守山区と春日井市にある。それが店舗拡大による需要増加で対応しきれなくなったため、2015年に千葉工場を新設した。北海道を含む東日本地区の160店以上のコメダ珈琲店に供給するパンはこの工場でつくられる。

「最初に製造を始めたのは、山パンと呼ばれる山型食パンから。その生産が始まったのは15年8月のお盆前、全ラインが稼働したのは同年11月です。現在は事務スタッフを除いて50人ほどのスタッフが交代で勤務しています」（千葉工場長の野口浩二さん）

ここでは仕込みから焼き上げて出荷するまでを一貫生産している。1日の生産数は、「山パンでいえ

ば2000本弱」（野口さん）、P64の写真で紹介しているように山パンは通常の食パン3斤分なので6000本弱を焼き上げている。

「原材料にもこだわっています。2種類の上質な小麦粉をブレンドしており、独自の製法でつくっています。もともと前身の会社であるフランスパン（をコメダが買収した）は名古屋の有名ホテルにも業務用パンを納入していたので上質感も特徴です。いまはホームベーカリーもあり、家庭でもできたてのパンをつくれる時代ですが、本当にソフトな風味のパンは、なかなか家庭では再現できません」と、野口さんは控えめに胸を張る。シロノワールに使われるデニッシュパンやバーガー類で使うバンズも、ここでつくられる。活動テーマによって効率性と手間をかける部分を使い分けるコメダだが、パンに関しては細かい部分で手間をかける。

「普通のデニッシュパンは24層や36層ですが、コメダのデニッシュは64層というきめ細かさです。店では温かいシロノワールに冷たいソフトクリームが載って提供されるので、徐々にソフトが溶け出し層に浸み込むようになります。味については、ソフトクリームがあっさりめなので、デニッシュはコクみを出しています。ソフトが半歩引く代わりに、デニッシュが半歩出て、ハーモニーを醸し出すのです」（野口さん）

バーガー類に使うバンズも大手ハンバーガー店のものとは差別化しているという。野口さんによれば「バンズは歯切れのよさがあるのが一般的ですが、ウチのバンズは引きを残しつつ、少ししっとりしているのが特徴です」。

このほか、カツサンドやみそカツサンドで使うパンは、少し甘めのパンを使っており、工場には、わざわざカツサンド用のパンの型があるほどだ。

コメダス
20

なぜ、山型食パンは工場でスライスしないのか？

「山パン」と呼ばれるコメダ名物の山型食パンは、街のパン屋さんで売っている食パン3斤分の大きさだ。千葉工場内のホワイトボード（伝言板）には、パンの山部分を「同じ高さに揃えるよう」指示されている。実はこの山パン、工場ではスライスしないで包装されて各店舗に届けられ、各店舗でスライスする。店舗運営がしやすいよう、効率性を重視するコメダだが、なぜ、パンのスライスを工場で行わないのか。

「工場でスライスすると、風味が落ちてしまうからです。2つ理由があり、スライスをすると水分が飛んでパンが劣化しやすくなりますし、そこから傷みやすいのです。店でひと手間かけて、できたてにこだわるコメダとして、この部分は大切にしています」（千葉工場長の野口さん）

コメダ珈琲店でハムサンドやミックスサンドを注文すると、パンの耳つきで提供される。そのためパン工場では薄くて食感の軽い耳になるようつくっている。「トーストとして焼いても、耳の部分がもさつかない口どけのいい味にしています」（同）

取材班も着替えて製造現場を見学させてもらった。フードつきの見学着を身につけた上でさらに帽子をかぶりマスクをする。衛生管理のためだ。食品工場の基本は「安心・安全」なので、特に①異物混入と②菌汚染には気をつかう。二重に頭部を覆うのは髪の毛などの異物が落下しないためだ。現場に入る前の入口では服についた異物（小さなチリなど）を粘着面のついたローラーでからめとり、エアシャワーを全身に浴びてから入場する。

製造現場は空調が効いているが、マスクをして全身を覆う服で歩き回ると、息苦しくなる。現場の人の苦労が少し体感できた。

パン生地の練り込み作業は早朝に終えており、その後の作業を一通り見学させてもらったが、完全自動化ではなく随所に人の手が入ってつくられているのが印象的だった。

時間帯によって生産ラインで流れるパンの種類が違う。

「春夏秋冬の四季だけでなく、日によっても温度や湿度が違うので、当日の状況を踏まえてつくっています。たとえば水の量やパン酵母の量、ミキシングと呼ぶ原材料の分散とパン生地のつくり込みは微調整しているのです」と製造本部長の細島健さんが解説してくれた。さらに農作物である小麦粉は毎年同じ出来ではないので、そこの調整もむずかしい。文字どおり「さじ加減」の世界だ。

みなさんの好意で、でき上がったばかりのパンを試食させてもらった。本当においしかったが、現場の苦労を目の当たりに見たことも手伝い、より味わい深く感じた。

第3章

全世代の心をつかむ接客のアイデア

全国各地の「コメダ珈琲店」の来店客を見てみると、子ども連れのママ、家族客、サラリーマン、高齢客…、とさまざまな客層が利用する。

コメダは特定の客層ではなく、幅広い客層をターゲットにしているという。

多様な年代に訴求する接客の手法をのぞいてみた。

コメダス 21

なぜ、店舗では「マニュアル重視」の接客をしないのか？

接客業には、この場合にはこう対応するというマニュアルがある。もちろんコメダの各店舗にもあるが、基本以外はマニュアルを重視しないという。なぜしないのだろうか？

「まず、お客さん相手ですから、こちらが主導というわけにはいきません。たとえばコメダのオープン時間は朝7時という店が多い（店によって違う）のですが、時間前にお客さんが並んでいらっしゃれば、7時より前に開けて入店していただきます。当日が雨だったら、お客さんも早く店に入りたいでしょうから、もう少し早く開けます。その代わり『まだ準備ができていないので、少しお待ちくださいね』と伝えるようにします」

こう説明するのは、コメダ本部と同じビルにある「コメダ珈琲店 葵店」（名古屋市東区）店長の梅田好江さんだ。コメダ珈琲本店店長や、店舗スタッフを教育するトレーニングスーパーバイザーも務めた梅田さんは、「コメダが誇る接客のプロ」（同社社員）だという。

「ありふれた言い方ですが、かゆいところに手が届く接客が大切だと思います。たとえば毎朝来られる常連さんで、いつもと比べてモーニングの提供が遅れた場合は、新聞を読んでいても新聞から目を離している。そうした時は『ちょっと、厨房を見てきますね』とひと声かけて厨房に足を運びます。もちろん常連さんに限りません。お客さんの視線は常に感じますので、そのしぐさを観察しつつ、不安を解消する姿勢

は大切です。いま、コメダでも呼び鈴を設置する店が増えましたが、呼び鈴を鳴らされたら、『ただいま、お伺いします』と声に出すことで、お客さんも伝わったと安心されるのです」（梅田さん）

新しく入ったスタッフには、「こうだから、こうしなさい」ではなく、「自分がお客さんだったら、こうされた方がうれしくない？」と伝えることで、気づきを与えるという。

梅田さんも、各地で研修生を指導した際に、マニュアルの限界を感じた経験がある。

「たとえばモーニングサービスを利用するお客さんの振る舞いは、中京地区以外のスタッフからは『なんで、おばあちゃんが朝一番にモーニングを食べに来るのですか？』と真剣に聞かれたこともあります。そうした喫茶文化を理解するのには、マニュアルではなく目の前のお客さんと向き合うこと。一定の距離を置きつつ、ケースに応じてお客さんに寄り添うことが大切だと思っています」

コメダス
22

なぜ、店舗スタッフは朝礼で「顔の体操」をするのか？

コメダの営業本部には「笑顔担当」ともいえる女性がいる。サービスチームの金田《かなだ》恵理子さんだ。1章で紹介した東札幌5条店のオープン当日、店舗の制服に身を包んだ支援要員の彼女が朝礼の場で音頭を取り、店舗スタッフと一緒にこんな行為をしていた。

①腕を組んで、②深呼吸（3秒）、③目の周りの筋肉をほぐしま～す。キューパッ（5回続ける）、④口角を上げま～す。ユー、ミー、ユー、ミー。

これに続いて接客時のかけ声が始まり、店舗スタッフも復唱する。

・いらっしゃいませ　・おはようございます　・少々お待ちくださいませ　・お待たせしました
・はい、かしこまりました　・恐れ入ります　・ありがとうございます　・申し訳ありません
・(再度) ありがとうございます
・(最後に) 今日も1日、よろしくお願いします

開店してからの接客風景も見ていたが、次々にお客さんが来店し、不慣れなスタッフの表情が険しくなると、金田さんが微笑みを浮かべて見本を示す（ように見えた）。

実は、彼女は前職では東京都大田区にあるビジネスホテルの支配人を務めていた。その時も笑みを浮かべた接客が社内で好評だったという。

接客業にとって笑顔や表情は最も大切なので、コメダに限らず力を入れる企業は多い。若い女性に人気のファッションブランドでは、そのポイントは目元と口元にあると位置づけている。この会社は新人研修では次のようなことも行う。

口角は1センチ上げる、口を横に引いて「イー」、タテに指が3本入るほど大きく口を開けて「アー」、くちびるを突き出して「ウー」といったノウハウを新人に伝える。イ・ア・ウを意識しながら口をよく動かし声を出すために、接客業界では知られるこんな言葉も復唱する。

「ウイスキー　ダイスキー」「ハッピー　ラッキー　スパゲッティー」

トレーニングを受けた後は、各店舗でのOJT（実務教育）で接客経験を積むのはどの業界でも変わらない。お客さんと対応するなかで、自然な笑みが浮かぶようになれば一人前だ。

コメダが誇る金田さんの笑顔。最後に写真（右端）で見ていただきたい。

コメダス
23

なぜ、コメダのパン職人は「覆面調査」で店に行くのか？

コメダの製造本部長・細島健さんや、千葉工場長・野口浩二さんは、若い頃からパン製造に関わってきたパン職人だ。

コメダに来る前、細島さんは第一製パンの製造部次長を務めた後、イナ・ベーカリーという外資系の製パン企業に移り、工場長や社長まで務めた。野口さんは前身のフランスパン（コメダが買収）時代から17年にわたり、製造現場中心にキャリアを積んできた。

「季節によってだけでなく、日によって温度や湿度が違うので、その日の条件で水やパン酵母の量、ミキシング（と呼ぶ原材料の分散とパン生地のつくり込み）を微調整しています」（細島さん）

「工場の立地によっても使われる水が違います。私が千葉工場に来るまでに勤務していた名古屋地区の工場（幸心工場、勝川工場、第三工場）の水は軟水、千葉工場の水は硬水ですから、同じ味わいに仕上げるためには微調整が必要です。パンづくりの理想でいえば弱硬水ぐらいが一番いいのですが」（野口さん）

と、話す内容にも職人気質が感じられる。

細島さんも野口さんも他のスタッフも、仕事場や自宅近くのコメダ珈琲店を一般客として訪れるそうだ。何を注文するのだろうか。

非常停止

（細島）「モーニングの時間帯は、トーストとゆで卵のモーニングを頼みながらブレンドコーヒーを飲みます。それ以外は、ミックスサンドやカツサンドとコーヒーを頼みますね」

なぜ、そこまで頻繁に足を運ぶのか？

（細島）「実際の店で、パンの品質はよいか、どんなふうに食べられているかを知るためです。期間限定のメニューがあれば、それを頼んで自分で味わうとともに、頼んだお客さんの様子を観察します」

野口さんにも同じ質問をしてみた。

（野口）「毎月、職場近くの店でカツサンドなどのサンドイッチをテイクアウトしています。名古屋出張も多いので、名古屋地区のコメダ珈琲店ではアメリカンコーヒーと小倉トースト、もしくはアイスコーヒーとエッグサンドという組み合わせが多いですね」

店で工場長が気にするのはこんなことだという。

（野口）「周囲のお客さんがパンメニューを注文してくれているかが、まず気になります。次においしそうに食べてくださっているのか。たまに、お帰りになった後でパンが多めに残っていることもあります。その時は、何でだろう…と気になってしまいます」

2人とも一般客として訪れるので、店のスタッフは気づいていないらしい。

ぼくはさまざまなメーカーを取材しているが、まじめなメーカー社員ほど、自社商品が売られている売場に足を運び、陳列商品が乱れていれば直すという話もたくさん聞いてきた。2人の話を聞き、飲食業というよりもモノづくり企業の人だな、と感じた。

コメダス
24

なぜ、コメダの社長は毎週、店でコーヒーを淹れるのか？

コメダ珈琲店の運営会社・株式会社コメダホールディングスを率いる社長の臼井興胤《おきたね》さんは、過去にセガやマクドナルドの経営にも携わった「プロ経営者」だ。こう記すと、冷徹に案件をジャッジ（決断・判断）する人物というイメージを持つが、実際はどうなのか。その横顔をQ&A方式で紹介しよう。

――臼井さんはコメダの社長に就任する前、セガの社長や日本マクドナルドのCOO（最高執行責任者）など、いくつかの会社で経営に関わってきました。一連の経験でどんなことを学ばれましたか。

セガはゲーム業界、マクドナルドは飲食業界と、提供する商品やサービス内容は違いますが共通点は多いですね。そもそも商売とは、お客さまに商品やサービスを提供して、それを買っていただくわけですから、どんな業界であっても「価格に見合う価値」を提供しないといけません。特に飲食業は、商品の品質に加えて接客や居心地のよさといった情緒性もお客さんから判断されます。

――コメダの社長に就任後、店舗ビジョンとして「くつろぐ、いちばんいいところ」を掲げるようになりました。

社長に就任してから、創業者の加藤太郎さんに何度も会って「コメダイズム」を学びましたが、フルサービスのよさがお客さんに支持されていると思います。コメダは「日本一喫茶代におカネを使う」名古屋地区の消費者に鍛えられてきました。喫茶店激戦区で培った商品力、接客術などがコメダの強みです。

一方、お客さんの立場で考えると、何かと気ぜわしい時代なので、喫茶店にいる時ぐらい、座ったままで水を運んでもらったり、飲食を持ってきてもらいたいと思う人が多いのではないでしょうか。そうした消費者心理が、コメダのようなフルサービス型喫茶店への追い風になっていると思います。ふだんの生活における気分転換や、ちょっとした脱日常として店を利用されているとも感じます。

私自身、かつては〝ジャパニーズビジネスマン〟として、駅や空港とオフィスの会議室を往復する、時間と気持ちに余裕のない生活を送っていました。それがコメダに来てから、一杯のコーヒーでホッとするひとときの大切さを再認識するようになりました。

――マクドナルドとコメダの接客の違いを、どう感じていますか。

マクドナルドの店舗オペレーションは世界有数だと思います。特にマニュアルは素晴らしい。移民の国ともいわれる米国では、人種や育った背景が異なる人が、同一の高水準で接客する必要があることから、あの世界共通のマニュアルができたわけです。

でも、この統一されたマニュアルは通常時には力を発揮しますが、何か問題が起きたような非常時には、お客さんの助けになる観点では役に立ちません。どこの飲食店でもそうですが、毎日違うことが発生する店舗では、昨日と同じ今日はありません。マニュアルが通用しない場合は、状況によってどう判断するかの人間力が問われます。

たとえばコメダの店舗スタッフは、常連客の「いつもの」という注文だけで、この人に提供するコーヒーにはフレッシュミルクをつけない、この人の場合のサラダはキュウリなし――といった一人ひとりの好みを何十通りにもわたって覚えています。これはマニュアルだけのサービスでは到底身につかない接客術です。

また、混雑して待っているお客さんに対して「あと2組でご案内できます」といったひと声をかけて、待ち時間のストレスを少しでも解消しようとします。こうしたきめ細かなサービスが大切だと思います。コメダでは社員教育にも力を入れており、研修時間も長い。店舗を模した空間でドリンクやスナッ

うすい・おきたね

1958年10月愛媛県松山市生まれ。小学校を転々とし、主に東京育ち。都立富士高校から防衛大学に進学。中退後に一橋大学に入学して同校卒業後、三和銀行（現三菱東京UFJ銀行）に入行。約10年後にセガに転職。以後ベンチャーキャピタル、ナイキ、日本マクドナルドCOO（最高執行責任者）、セガに戻って社長、グルーポン東アジア統括副社長を歴任した後、2013年7月にコメダ社長に就任。休日の気分転換は大型バイクと渓流釣りだという。

ク（フード）類の調理も行います。飲食業は食の安全が第一ですが、味のおいしさに加えて、お客さんが接客に満足されて初めて成功する業態です。そうしたサービス品質の強化も続けています。

——臼井さんは、今でも週に1度、コメダ珈琲店の制服に着替えて店でコーヒーを提供しています。就任直後に店の実態を知るためならわかりますが、3年たっても続ける理由は何ですか？

毎日、店に来てくださるお客さんの評価の集大成が、コメダ珈琲店のブランドとなります。店は生き物ですから、数値データだけ見ていてもわからない部分があります。それを現場で体験することが大切で、毎週続ければ「定点観測」にもなります。コメダに入社直後は、「研修生・臼井」というバッジをつけて、先輩スタッフにコーヒーの淹れ方を教えてもらいました。

私はマクドナルド入社前も——COOの立場で入社することになっていたのですが——、立場を隠して近所の店舗でアルバイトをしたことがあります。当時は外食産業も初めての経験で、店舗オペレーションも知りませんから現場を学ぼうと思いまして。きちんと履歴書を出して面接を受けたのですが、2回断られました。履歴書には学歴や職歴も記して、希望勤務時間は夜の8時から12時までとしたので、「何か怪しいな」と思われたのかもしれません（笑）。

コメダの入社前も同じような体験をしました。7月1日付で名古屋の本社に着任したのですが、その前に横浜江田店で2週間皿洗いもしました。

各店舗は年中無休ですから、今でも元旦はコメダ珈琲店の厨房に入って皿洗いをしたり、昨年は店の前で甘酒を温めてお客さんにお配りしました。それが私の「仕事始め」です。

3年以上、社長業を務めてきて、やはりコメダ珈琲店は現場が命だと思います。本社で数字やデータを見るだけでなく、毎週の店舗勤務はこれからも続けるつもりです。

第4章

〝アンチスタバ派〟が好きな「昭和型喫茶店」の魅力

コメダ珈琲店は「昭和型の喫茶店」ともいわれる。
昭和型には懐かしさの意味も含まれ、
おしゃれな店が多い「平成型のカフェ」と
好対照という意味だろう。
消費者の好みが幅広くなり、
それに対応して多種多様な店が増えたなか、
なぜ昔ながらの店が愛されるのだろうか。

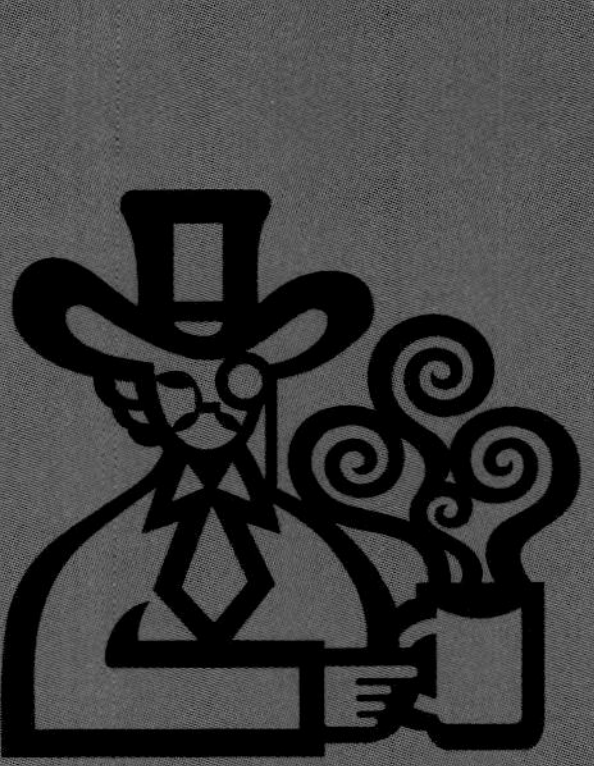

コメダス
25

なぜ、「スタバでは落ち着けない」人が一定層いるのか？

いま「カフェの代名詞となった人気店は？」と質問すれば、多くの人が「スターバックス」と答えるだろう。1996（平成8）年に日本に上陸して以来、米国シアトル発の〝黒船〟は、全国47都道府県に店を展開する最大のカフェチェーン店に成長した。それだけではない。日本のおしゃれなカフェの基準ともなっている。

スタバが黒船にふさわしいのは、日本の喫茶文化を変えたことだ。その功績は大きく分けて3つあると思う。①新たなコーヒーやドリンクが浸透、②女性客の利用増、③店のスタイリッシュ性、の3つだ。

たとえば、①のコーヒーで提案したのは、深煎りしたエスプレッソがベースのコーヒーだ。「キャラメル マキアート」（バニラシロップを入れたスチームミルクにエスプレッソを加え、キャラメルソースで飾ったもの）のようななじみのなかったコーヒーメニューも、あっという間に利用客の高い支持を得た。

②の女性客によって広がったのは、メニューの多様化だ。「抹茶フラペチーノ※を飲みたくてカフェに行く」という人は昭和時代の喫茶店にはいなかった。そもそもメニューにないという意味ではなく、それだけ個別のドリンクへの思いが深まったのだ。

また、スターバックスには「手づくり感・芸術性・洗練された・人間らしさ・永続性」の5つのデザイン要素がある。店舗設計もこれを踏まえてきたため、③のスタイリッシュ性も高まった。

だが、スタバが苦手な人は意外に多い。たとえばブレンドコーヒーやホットではなく、メニューにあるのは「ドリップコーヒー」。容量もなじみのあるSサイズ、Mサイズ、Lサイズではなく「ショート、トール、グランデ、ベンティ」といったメニューのわかりにくさが好まれなかったりする。

かつて団塊世代の会社員を取材した際、一緒に店に入ったら「使ったことがないから、どう注文すればよいかわからない」と言われたこともある。30代や40代でもアンチスタバ派は一定層いる。インターネットでは「スタバになじめないオレはドトール・コメダ派」といったコメントも見受けられる。

ぼくはスターバックスカードも持っているが、近年は「意識高い系」の利用客が増えたと感じる。たとえば、モバイル機器を駆使して作業し、周囲にデキる自分を見せつけているような人。窓側の席に座って通行人の視線も意識する、自分の容姿や服装に自信がありそうな人も多い（無意識でやっていても、そう見えてしまうという意味だ）。

コメダの利用客に、そうしたタイプは少ない。もともと敷居の低い店をめざしてきたので、多くの人はカジュアルな服装で来る。

前にも紹介したが、「コメダのよさはカッコつけないところ」ともいわれる。日常生活の延長線で喫茶店を使う名古屋人と向き合ってきたので、肩ひじを張らないで来店してもらえる店にしている。それがスタバとの大きな違いの1つだ。

昔に比べてさまざまなシーンでカジュアル化が進む時代。こだわりの襟つきシャツ姿よりもTシャツ姿のほうが、素の自分と向き合える。そんな時代性も手伝っているのだろう。

※フラペチーノは同社の造語で登録商標

コメダス
26

なぜ、コメダには「舌をかみそうなメニューがない」のか？

コメダの店でメニューを開くと、コーヒー以外は次のような商品が並んでいる。これまで登場した商品以外を中心に紹介してみよう。

（ホットドリンク） 紅茶（レモン・ミルク・ストレート）、ココア、シナモンティー、ミルク…

（アイスドリンク） アイスティー（レモン・ミルク・ストレート）、アイスココア、トマトジュース、アイスミルク、コーラ、ソーダ水、オレンジジュース、バナナジュース、サマージュース、カルピス…

（スナック＝コメダではフード全般をこう呼ぶ）

ハムサンド、ハムトースト、エビカツサンド、あみ焼きチキンホットサンド、ハンバーガー、コロッケバンズ、コメダグラタン、ビーフシチュー…

ドリンクもフードも、舌をかみそうなメニューはほとんどない。一番舌をかみそうなのは、ドリンクの「アイス・ド・ティーフロート」だろうか。何とかマキアートや何とかフラペチーノも置いていない。フードにはピザもあるが、流行りの「ピッツァ××」という商品名ではなく「コメダ特製ピザ」だ。

そこから見える姿勢は、高度成長期に浸透したメニューのままにしていること。これが特に年配客には好評だ。たとえば、社長の臼井さんのお父さん（80代）がコメダに行った後、こんな感想を述べたという。

図表❷　「コメダ来店客の属性と年齢構成」

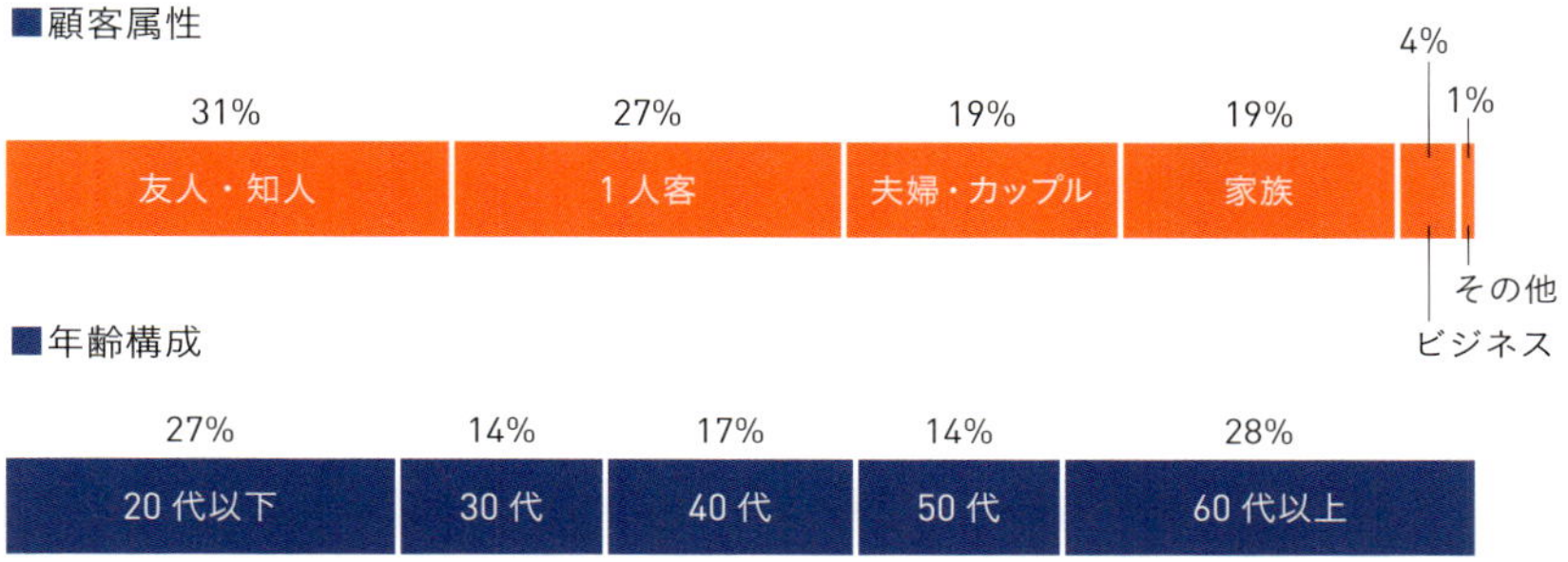

（㈱コメダホールディングス調べ）

調査概要：2015年9月11日〜12日の7:30〜22:00に実施。
調査実施店舗は20店（中京地区10店、関東地区5店、関西地区5店）。調査時間帯に来店した顧客全員に時間帯別の割り付け数に応じて無作為に依頼

「コメダはいいね。店内はくつろげるし、むずかしいメニューもない」

身内のコメントだが、年配客の本音ではなかろうか。

コメダに来るお客さんの属性を調べたデータがある（図表❷）。それによれば、年齢別で多いのは20代以下（27%）と、60代以上（28%）だ。20代以下には親や保護者に連れられて利用する子どもも含まれている。

子どもからお年寄りまで、世代を問わず来店される店にするためには、利用客の抵抗感を和らげる工夫も必要だ。それが、メニューのネーミングにも表れている。

コメダス

27

出店数の伸びで、あのスタバを上回る理由

スターバックスやドトールコーヒーショップの店舗数に比べると、コメダ珈琲店は3位とはいえ上位2社との差は大きい（1章P18参照）。

だが、近年の店舗数の増加は驚異的だ。参考までに少し前の数字を紹介してみよう。ぼくが2009年に『日本カフェ興亡記』（日本経済新聞出版社）という本を出した時はドトールが1138店（08年8月末現在）、スタバが841店（09年2月末現在）だったのに対して、コメダは335店（09年3月末現在）にすぎず、「タリーズコーヒー」や「珈琲館」のほうが店舗数も多くて業界5位だった。その後のスタバの増加数もすごいが、コメダはそれを上回る。ドトールは近年、フルサービスの「星乃珈琲店」の拡大に力を注ぐ。

ちなみに愛知県、岐阜県、三重県の東海三県で店舗数を拡大してきたコメダ珈琲店が、箱根の山を越えて関東に初出店したのは2003年。東京都内ではなく「横浜江田店」（神奈川県横浜市青葉区）で、都内初出店は05年の「町田鶴川店」（町田市能ヶ谷）だった。

一般的にカフェの店舗は、大きく「駅前繁華街型」と「郊外型」に分かれる。もともとコメダが得意なのは広い駐車場を備えた郊外型で、右の2店も郊外型だが、近年はJRや地下鉄が乗り入れる東京・中野駅近くの「丸井中野店」（14年）、池袋駅前の「池袋西武前店」（15年）、渋谷駅に近い「渋谷宮益

坂上店」（16年）に相次いで出店している。

スタバを上回る出店理由には、独自の出店戦略とFC（フランチャイズチェーン）店の多さがある。たとえば駅前繁華街でも、新宿よりも家賃の安い中野に出店する。地方店舗の郊外型もチェーン店が林立する国道沿いではなく道一本、二本裏手の生活道路沿いに出店して土地代や家賃コストを抑える。こうした戦略もあって、店舗物件が競合との取り合いになることも少ない。

後述するが、スタバの大半が直営店なのに対してコメダは大半がFC店なので、条件が合えば一気に多店舗展開することができる。

コメダの存在感を示す興味深いエピソードがある。実は、コメダの店が入る中野マルイの近くには競合他社の本社があり、その本社ビルはもともと株式会社丸井グループの関連施設だった。そうしたつながりがあっても、中野マルイ側はテナント誘致の際に、競合には声をかけずにコメダを選んだのだ。

08年に投資ファンド（アドバンテッジパートナーズ）が経営権を握って以降、出店数増加にエンジンがかかり、13年に別の投資ファンド（MBKパートナーズ）に経営権が移ると一段と出店ペースが高まったコメダ珈琲店。だが、基本となるのは、毎日の来店客がくつろげる「顧客満足」だ。その集大成がコメダブランドの評価となる。

コメダス
28

なぜ、コメダを真似するライバル店が増えたのか？

コメダは1968年に個人喫茶店として名古屋市西区で開業した。創業まもない70年からVC（ボランタリーチェーン）店、のちにFC（フランチャイズチェーン）店で展開したが、喫茶王国といわれる愛知県では、しばらく目立たない存在だった。ただし、早くからコンセプトは明確で、特に77年からは、競合店との差別化のため、（1）一戸建ての店舗に駐車場を完備、（2）年中無休で長時間営業、（3）コーヒーの味は均一にする、を定めた。さらに（4）間仕切りがあり落ち着ける座席や、（5）朝11時まではトーストとゆで卵が無料でつくモーニングサービス、（6）ドリンクに小袋の豆菓子がつくオマケ、（7）ごはんモノは置かずにパンメニュー中心――といった基本路線も確立していった。

コメダの成功例をみて、近年は模倣する競合が相次いだ。そうした競合店が真似したのは（3）（7）以外のすべて。特にレンガを用いたログハウス風の建物、間仕切りのある座席はそうだ。たとえば和歌山県に店舗を展開する「マサキ珈琲」の外観と内装は、コメダのソックリさんだ。コメダの本拠地・名古屋市には「金シャチ珈琲」という店もある。

大手チェーン各社もコメダを真似した。銀座ルノアールが運営する「ミヤマ珈琲」のバーガーメニューはコメダによく似ている。導入したコーヒーチケットはコメダと同じ「9枚つづり」だ。ちなみに名古屋の喫茶店のコーヒーチケットの基本は、11枚つづりで10枚分の価格という電車の回数券方式。コメダの9枚つづりは少数派だ。また、コーヒーにつく豆菓子が人気のコメダを見習い、ミヤマはコーヒーにミニクッキーをつけた。

ドトール・日レスホールディングスが運営する「星乃珈琲店」には、当初「シロノワール」ならぬ「ホシノワール」というメニューがあった。コメダのデニッシュパンとは違い、パンケーキを用いたが、上にソフトクリームを載せた見た目はソックリだった。ちなみに各社ともに店名に「――珈琲」を漢字で入れた点も共通している。

余談だが1980年代以降、ドトールコーヒーショップの店舗拡大で、街の喫茶店が駆逐されていった。当時、ドトールの経営者は「ウチが1店出せば周辺の喫茶店100店に影響が出る」と豪語し、「喫茶店の最終形」と位置づけてセルフカフェを積極展開した。事実そのとおりだったが、自ら駆逐した「街の喫茶店型」を、21世紀に星乃珈琲店として積極展開するようになることを経営者は予測できていたのだろうか。

コメダス 29

なぜ、店舗を「駐車場から設計する」のか？

ロードサイド沿いにある郊外型店で欠かせないのは駐車場だ。実は、コメダの郊外型店は「駐車場を設計してから建物を設計する」という。なぜ、そんな段取りをするのだろうか。開発部門を統括する専務の高橋敏夫さんに聞いてみた。

「お客さんのストレスをできるだけ減らすためです。特に郊外型店は店内に入ってからではなく、『店が見えた段階からお客さんの体験が始まる』と考えています。クルマを運転していて『あ、コメダがある。寄っていこうか』と思った場合、スムーズにクルマが敷地内に入って駐車できるよう広いスペースがあることは非常に大切です」

もし駐車場が満車で出ようとした場合、手狭な駐車場だとマイナスイメージしか残らないという。

「車間スペースも狭い駐車場で何度かハンドルを切り返して、やっとの思いで駐車場を出たとしたらどうでしょう。満車で入れない、駐車場から抜け出すにも一苦労だったでは、お客さんに不快な印象ばかり残り、二度と来ないと思うかもしれません。逆にスムーズに出られれば、また空いている時に来ようと思っていただけるのではないでしょうか」

この話に深くうなずくのは、本書の担当編集者であるＫさんだ。書籍編集と販売の責任者を兼務する彼は、地方出張で書店回りをする際は、レンタカーを借りて各書店を訪問する。東京都内などに比べて公共交通機関が発達していない地方は、クルマでの移動が最も効率的だからだ。だが、ふだん使わないレンタカーで慣れない土地を走り、手狭な駐車場（の店もある）に止めるのは、結構なストレスだという。

北海道や沖縄といった人気観光地では、旅先での移動でレンタカーを借りる人も多い。現地で飲食店に行く場合、駐車場の使いやすさは大きなポイントとなっている。

コメダの店は、1台ごとのスペースを広めにとっており、駐車場の入口と出口を分けている店も多いそうだ。また、車止めを3つ設置する場合もあり、縦列駐車が苦手な人も、安心して駐車できる工夫もしている。

高橋さんはこんな話もしていた。

「店の敷地内を店舗スタッフが清掃するのは当たり前ですが、もし店の前に歩道があれば、その周辺も掃除すべきです。店が見えてから体験が始まる視点で考えると、あそこの店の前には空き缶が転がっていたとすれば、それもまた店のイメージにつながりますから」

「家を出て帰ってくるまでが遠足」ではないが、お客さんに心地よく体験してもらう工夫は、店の外から始まっているのだ。

コメダス
30

なぜ、店舗は「山小屋風」なのか？

コメダが得意な郊外型店の建物は、山小屋《ロッジ》を思わせる造りだ。どこか懐かしく、親しみやすいような店づくりは特徴の1つだ。

「実は、コメダの建物は重心が低くなるように設計しています。重心が低いとは建物自体がどっしり見えること。そのため、店舗が高台にあるような設計にはしません。普通に歩くうちに店の入口に到着する造りとなっています。また、バリアフリーがいわれるはるか前から、入口まではフラットな通路にしており、階段で上がるような店にはしてこなかったのです」（専務の高橋さん）

敷地内に植える樹木もあまり高くなる種類は取り入れず、店舗との調和を心がけているという。そういわれて外観をながめると、確かに高い木はない。

「たとえば、クルマで来店されたお客さんが窓側の座席から樹木越しに自分のクルマを見られる。でも外からは自分が座っているのが見えない。ちょっとした隠れ家感覚にもしてきました」（同）

店内も天井が高く、ウッディーな木のぬくもりあふれる空間となっている。広々としていて安心感を持たれるための工夫だという。北海道で開業前日の店を視察させてもらい、お客さんのいない店を下からながめてみたが、まるでどこかに階段があって2階で宿泊できるロッジのようだと感じた。

木を多く用いるのにも理由がある。「木視率（建築用語で室内を見渡した時に木が見える割合）が40％を

超えると、やすらぎ感が格段に高まるといわれます。そうした心理面も考えて設計しているのです」(同)。近年の喫茶店コンセプトで人気の「大正ロマン」や「昭和レトロ」な店の内部は焦げ茶色にしていることも多い。これも心理面での落ち着きを重視していると聞いたことがある。

共通するのは、「お客さんが入りやすく、過ごしやすい」こと。そのためコメダは入店するための〝ドレスコード〟も低い。

「そこに行くために外出着に着替えるような、改まった店ではありません。作業服のままで来られる職人さんもいますし、夜遅くまで営業(多くの店が深夜23時まで営業)していますから、たとえば暑い夏の夜に、Tシャツや短パン姿でかき氷を食べに来られてもいいのです」(同)

コメダは特定の客層向けの店ではないので、誰もが気軽に入れるように敷居を低くする。その姿勢が、外観や建物にも表れている。

コメダス
31

なぜ、座席は「左右の幅が52センチ」なのか？

コメダ珈琲店に行った経験のある人ならご存じのとおり、店内は旧国鉄の座席のような間仕切りで、ベロア調の赤い（えんじ色の）ソファが置かれている。コメダのほとんどの店で共通のものだ。

実は、あのデザインはコメダが十数年かけてたどりついた「最も心地よい黄金律」だという。座った時には他の席に座る人の視線が気にならず、立った時には、間仕切りの高さに圧迫感がない。決して完全個室にはしないが、落ち着ける空間をつくり出している。

特にソファでは、以下の部分にこだわっているという。

・座る部分の奥ゆき
・ひざ下
・座高と呼ばれる背もたれ部分

「背もたれ部分の左右の幅は、昔は48センチでしたが、最近は52センチとなっています。昔に比べてお客さんの体格が向上したため快適性を高めたのです」（高橋さん）

以前、明治時代の列車を再現したという座席に腰かけた経験があるが、2人がけの席が現代人の体格では2人は絶対に無理だと感じたことがある。時代に合わせて快適性は変わるので、座り心地にも工夫が必要なようだ。ちなみにコメダの競合チェーン店「喫茶室ルノアール」は、昔は座ると尻部分が沈み

込むようなソファだったが、現在は昔よりも固めのイス（ソファではない）を採用している。

ところで、サービス業におけるこの十数年の顧客の変化には、1人で利用する客が増えた点もある。食事や旅行での「おひとりさま」は当たり前となり、いまや1人客向けのプランもあるほどだ。1人で楽しむ「ひとりカラオケ」も市民権を得た。コメダでもそれに合わせて4人がけの座席を減らして、ゆったりめのカウンター席を設ける店が増えた。

最近開業したいくつかの店では、お客の1人空間が確保できるようにカウンターの上に木製の簡易な間仕切りを設置している。ちなみに並んで座りたい2人客の場合は、この間仕切りを取ることもできるそうだ。

コメダス
32

なぜ、店には「読み放題の新聞や雑誌」があるのか？

国内各地のコメダ珈琲店には、新聞や雑誌もズラリと揃っている。もちろん自由に読むことができ、これを楽しみに来店するお客さんも多い。前に紹介したが、名古屋地区の利用者（特に男性客）は、複数の新聞や雑誌を読むことで飲食代のモトをとった気になるのだ。

ところで、こうした新聞や雑誌はどんな基準で揃えているのだろうか。その基本は「主要な新聞や雑誌を揃えつつ、その地域の特性を意識した構成」なのだという。

特に地域性が現れるのがスポーツ新聞だ。名古屋地区のコメダでは、「日刊スポーツ」や「スポーツニッポン」は1部でも、「中日スポーツ」だけは2部以上置く店もある。特に中高年客はプロ野球、中日ドラゴンズの勝敗に一喜一憂する人が多いためだ。これが関西地区では、代わりに「デイリースポーツ」を置く店が目立つ。同紙は阪神タイガースびいき（?）の紙面で知られているからだ。

近くに幼稚園や保育園がある店舗では、子ども向けの絵本も揃えている。どんな本が置いてあるかを気にする人もおり、北海道の東札幌5条店ではこんな話も聞いた。

「ボランティアで絵本を読む活動もしていますが、この店はいい絵本ばかり揃えているわ。特に『もうぬげない』（ヨシタケシンスケ著）は『街の本屋が選んだ絵本大賞』にも選ばれた名作です。少し前に娘から『お母さん、名古屋からコメダが来るよ』と教えられて、今日は夫と来たのですが、絵本選びのセ

泣いた
3000
安打
51
お出かけ
介護
もうぬげない
山内恵介

ンスにも感心しました」（店舗近くに住む60代女性）
少し歴史的な話をすると、喫茶店に新聞や本が置かれるようになったのは120年近く前からだ。実在が確認されている日本で最初のカフェは、1888（明治21）年に、東京・下谷区西黒門町（現在の台東区上野）に開店した「可否茶館《かひさかん》」だ（読み方は、かひちゃかん、かうひいちゃかん、など諸説あり）。この店の経営者である鄭永慶《ていえいけい》（名前は中国人のようだが日本人で、代々長崎の唐通事＝中国語の通訳を務めた家系だった）は、店を「コーヒーを飲みながら知識を吸収し、文化交流をする場」と考え、店内にトランプやクリケット、ビリヤード、碁や将棋などの娯楽品を置き、国内外の新聞、書籍も揃えていたという。
また、1901（明治34）年に誕生した「ミルクホール」（店名ではなく一般名詞）では、店を利用する学生に官報や新聞読み放題のサービスを行い、人気だった。当時の官報には大学の合格者名も記されていたそうで、それも学生の購読率を高めていたのかもしれない。
ちなみにミルクホールは、温めたミルクを飲ませる店で、やがて牛乳の乳臭さを消すために、コーヒーを混ぜたミルクコーヒーを出すようになった。いまでも都内に数店が健在だ。ともあれ、明治時代からコーヒーと新聞・雑誌は親和性が高かったのだ。
コメダの話に戻ると、東札幌5条店ではこんな声も聞いた。
「ウチは新聞を2紙購読しているのですが、夫も定年退職し、子どもも独立しました。今度、近くにコメダができたので、新聞購読をやめて浮いたおカネで夫婦でモーニングを食べにきつつ、新聞を読もうかと思っています（笑）」（近くに住む、別の60代女性）
新聞関係者は喜ばないだろうが、こうした人がどんどん増えれば、名古屋型喫茶店が地域に浸透した証といえるかもしれない。

第5章

コメダの企業としての「強み」を大解明！

利用客にとっては、人と会って（もしくは1人で）、飲食をしながら過ごすのが喫茶店だが、ビジネスの視点では、きちんと儲けが出ないと長年にわたって持続できない。

実は、コメダの経営数値は非常に高い。

なぜ経営はここまで盤石なのか。

最終章ではコメダの「強み」を数字も含めて考えてみた。

コメダス 33

なぜ、これだけ「東日本や西日本に出店」できるのか？

近年は、スターバックスを上回る勢いでコメダ珈琲店の店舗数が増えていることは、すでに紹介した。コメダの店舗数拡大の内訳を見ると、面白いことに気づく。

この5年、中部地区ではほとんど増えていないのに対して、東日本地区と西日本地区で一気に増えているのだ。中部地区は、すでにマクドナルドよりも店舗数が多いという。

P97の図表❸をご参照いただきたい。2011年に全体数に占める割合が13・1%だった東日本地区は15年には24・7%に、同じく西日本地区は7・6%から23・7%と存在感を高めた。

なぜ競争激化のなか、これだけ東日本や西日本に出店できるのだろうか。実は、コメダは競争激化とは思っておらず、全国的にはまだまだ出店余地があると考えているようだ。

「郊外型のロードサイド店の道路については、俗に1級路線、2級路線、3級路線という言い方をしています。国道のような1級路線に出店するのは、たとえば紳士服専門店です。シャツやスーツは年に数回しか買わないものですから、お客さんが買おうとした時に『あそこに店があったな』と記憶されるよう目立つ場所に出店するのです。その次が、たとえば靴専門店やレストランのような業態。こちらは紳士服よりは利用頻度が高いので、主要道路の次にクルマの往来が多い2級路線に出店します。これに対してコメダは日常使いの喫茶店ですから、1、2回行って場所が認識されればいい。つまり生活道路の

図表❸ 過去5年の地区別店舗数の推移

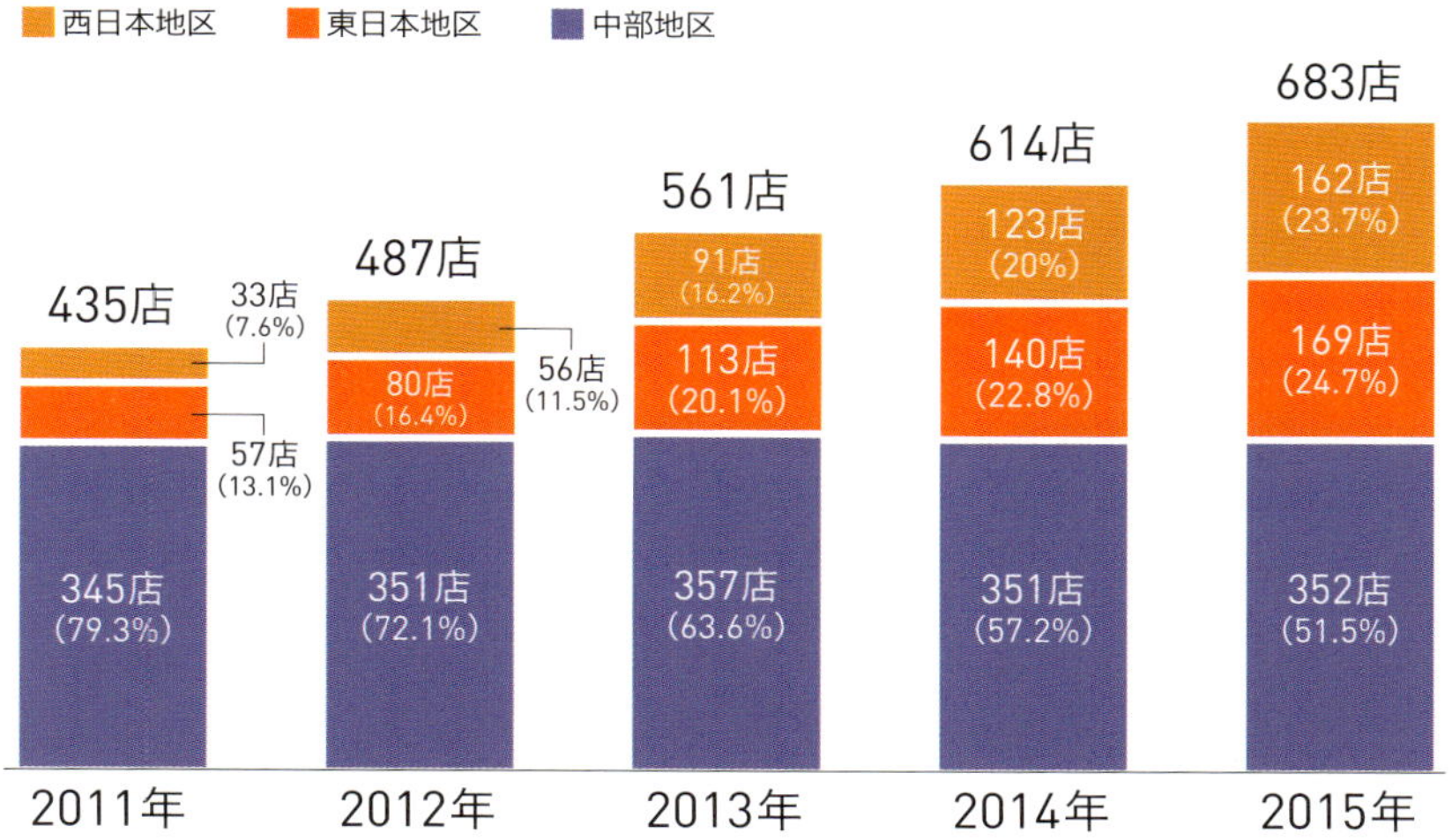

ような3級路線への出店でいいのです」（専務の高橋敏夫さん）

1級路線や2級路線に比べて、3級路線は競合との取り合いになることも少ない。土地代も家賃も安いので、広い敷地を確保して駐車場台数を増やすことができるのだ。

もともとコメダはそれほど商圏が広いものではなく、周辺人口が数万人いれば成り立つ業態だという。その象徴が、喫茶店が日常使いとして浸透している名古屋地区だ。

ちなみに、コメダと似た立地戦略で出店する飲食チェーン店もある。たとえばハンバーガー業界2位の「モスバーガー」は、同1位の「マクドナルド」が繁華街に出店するのに対して、一歩裏手の場所に出店してここまで成長してきた。

とはいえ、コメダが普段使いの店として地域に浸透するためには、生活習慣を含めて訴求し続ける必要がある。その意味でも、空白地帯への出店で「地域の社交場」となることが大切だろう。

KOMEDA'S Coffee

COFFEE
珈琲所
コメダ珈琲店

コメダス
34

全部で70日超！競合の3倍時間をかける「コメダの店舗研修」

北海道・東札幌の新店舗オープン時に、梶田和宏店長が「商品を輝かせる」「お店を輝かせる」「人が輝く」という店舗の3本柱を話していた（1章P29参照）。それを実現するには人材育成が大切となる。新しく店を出す場合、店舗で働く社員に向けた研修に時間をかけるのも現在のコメダの特徴だ。

コメダの店舗社員研修は大きく2つに分かれる。「基本研修」と「実地研修」だ。

基本研修は8～10日間行うのが一般的だという。ここでの狙いは、コメダ珈琲店とは何かを知り、店でのサービスが一通りできるようになることだ。

たとえば、初日は9時から16時まで座学を行う（昼に1時間休憩、途中で2度の10分休憩もある）。最初は、研修参加者がそれぞれ簡単な自己紹介をして、今回の研修についての説明を受けた後、コメダの企業理念を学ぶところから始まる。一方的な説明ではなく、コメダの紹介DVDや、過去に同社が取り上げられたテレビ番組も視聴する。目と耳と手で記憶に残るよう「コメダイズム」を伝えるのだ。

その後は、「QSC」（Quality＝品質、Service＝サービス、Cleanliness＝清潔・清掃の頭文字）という飲食業にとって最も大切な3つの基本要素を学ぶ。「商品の品質はよく、接客もよいが、店が汚い」（QとSはよいがCがダメ）や、「商品もよく、店も清潔だが、接客態度が悪い」（QとCはよいがSがダメ）など、3要素の1つでも欠ければ飲食店として失格だからだ。午後からは商品知識、基本知識なども学ぶ。

2日め以降は、座学から離れた実地研修だ。店舗での接客を学ぶ「フロア研修」、実際にブレンドコーヒーやアイスコーヒー、クリームソーダなどをつくる「ドリンク研修」、オニオンやニンジン、ピーマンをスライスしたり、たまごペーストをつくったり、サンドイッチやバーガー類をつくったりする「スナック研修」が続く。

基本研修の最終日(8日め)は「総合研修」だ。この日は、これまで学んだことを臨機応変に対応できるかを判断される「ロールプレイング(ロープレ)」が行われる。研修参加者が従業員役・お客さま役に扮して実際の接客場面を模した形で行うのだ。

コメダの研修所は5カ所ある。場所は、神奈川県横浜市、大阪府大阪市、東京都渋谷区、福岡県福岡市、佐賀県鳥栖市(開設順)に設けられている。福岡市と鳥栖市の2カ所は直営のコメダ珈琲店に併設された。各研修所には店舗内を再現したテーブルやソファが置かれているので、会議室でのロープレとは違った臨場感もある。

この「基本研修」メニュー終了後は検定を行い、合格しないと次の「実地研修」に進めず、再検定を受ける。その後の研修は、運営する各店舗で実地研修(シフト制の交代勤務で9時間拘束・1時間休憩)となり、これが2カ月〜3カ月続く。

大手競合から転職した、研修を担当する社員は、「前職は研修期間が3週間だったので、コメダの70日間(10週間)以上には『ここまで時間をかけるのか』と驚きました」と語る。

コメダ珈琲店が店舗理念として掲げる「くつろぐ、いちばんいいところ」は、毎日変わるお客さんが、心地よく過ごせたかどうかだ。それが実現できないと、理念も絵に描いたモチに終わってしまう。長期間の研修はそれを身体で覚えてもらう狙いがある。

コメダス 35

株式上場！ 名古屋の喫茶店が一部上場企業となった

2016年6月29日はコメダにとって記念すべき日となった。この日、コメダ珈琲店の運営会社である株式会社コメダホールディングスが東京証券取引所の第一部に株式上場を果たしたのだ。上場初日の時価総額は823億円を記録した。サクセスストーリーでいえば「名古屋の小さな喫茶店が東証一部上場企業に！」となるだろうか。ぼくも東証に足を運び取材したが、この日集まった報道陣はざっと40〜50人。「当日になって一気に増えた」（東証関係者）という。在京メディアはもちろん、コメダの本社がある名古屋から、中日新聞やメ〜テレ（名古屋テレビ）といった在名メディアも駆けつけた。

当日は、上場通知書が臼井興胤社長に手渡された後、場所を移動して恒例の「上場の鐘打ち」セレモニーも行われた。この日は社長も役員も、めったに着ないスーツ姿だ。当初は「コメダの制服で東証に行くか」という話もあったようだがスーツ姿に落ち着いた。

その後の「兜倶楽部」（東証の記者クラブ）での記者会見もオブザーバーとして見学した。ここでの日本経済新聞や朝日新聞、NHKや読売新聞などの記者とコメダ側との質疑応答が興味深かったので、その一部を紹介したい。なお、コメダ側はほとんどの質問を臼井社長が答えた。

（記者A） 今回の上場の狙いは何か。

（コメダ） 2つある。1つは知名度を上げたかった。我々は「この場所にコメダ珈琲店を出店したい」

JPX
TOKYO STOCK EXCHANGE

と交渉するが、地主さんだけでなく地元の人も「コメダなんて聞いたことがない」という話が今でもある。2つめは上場企業となり優秀な人材を確保したかった。

（記者B）この数年、出店ペースが加速している。

（コメダ）コメダ珈琲店が成長段階に入ったと思っている。ただし、私（臼井）がここに来て一番気をつけているのは、名古屋（型喫茶店）のことを知らない人間がコメダブランドを毀損《きそん》することがあってはならないこと。私はこの業界の人間ではないが、コンシューマー（消費者向け）ビジネスは長年やってきた。むやみやたらに（一定基準に達しない）「コメダもどき」の店を増やす気はないが、年間70〜80店ペースで店舗拡大していきたい。

（記者C）他のチェーン店に比べてシニア層の支持が高い。どの点がシニア層の心をつかんだと思うか。

（コメダ）シニア層は多いが全世代から支持されている。現在の日本人の平均年齢が46・1歳だが、以前に調査したコメダの平均客年齢は45・9歳とほぼ変わらない。シニアに親しまれる理由の1つに、メニュー内容もある。私の親父は80代だが、東京・荻窪のコメダ珈琲店に行って、こんな感想を話していた。「コメダはいいね。メニューを見てもむずかしいものはない」と。そうしたシンプルさ、店の敷居の低さが支持されているのではないか。

活発な質問が次々に出て、質疑応答は十数回に及んだ。上場企業に求められることは「情報開示」だ。たとえば株主向けに出す「事業報告書」などはルールで決められている。ぼくは、かつて一部上場企業でコーポレート情報全般を手がけ、当時の社長のトップメッセージも担当したが、その頃よりも一層、企業の「見せる化」が問われる時代となった。

コメダス
36

なぜ、直営店はほとんどなく、98%がFC店なのか?

現在のコメダ珈琲店の店舗数のうち、実に98%がFC(フランチャイズチェーン)店で、直営店はわずか2%にすぎない。逆に、直営店が94%を超えるスターバックス(1178店のうち1113店が直営。2016年2月現在)は大手カフェチェーンでは例外的存在だが、ドトールコーヒーショップのFC店率の約83%(1104店のうち189店が直営。同年5月末現在)と比べてもコメダのFC店率は驚くほど高い。

なぜ、ほとんどがFC店なのだろうか。

カフェやレストランなどの外食産業が直営店でなくFC店を展開するメリットは、一般的には次のとおりだ。

①直営店を出店するよりもコストを抑えることができる
②そのため、短期間で一気に店舗拡大が可能
③店舗拡大が実現できれば、その店のロゴマークや店舗を各地で見るので知名度も高まる

④加盟店側（FC店オーナー）も自前でゼロからブランドを創るのに比べて負担が小さいなどが挙げられる。コメダは「くつろぐ、いちばんいいところ」を店舗ビジョンとしており、その地域事情や顧客特性を理解しているFC店オーナーに店舗運営を委ねているのだ。

一方、加盟店側のFC店オーナーにとってはビジネス人生を左右する決断となるが、自分でリスクをとって経営する本気度は、一般的な雇われ店長とは重みが違う。毎日のお客さんに満足していただき、来店客を増やしていかないと将来はないからだ。

昭和時代から「一国一城の主」を夢見て喫茶店経営をするサラリーマン（脱サラ店主）は多かったが、当時は比較的低価格で出店できたそうだ。それに比べれば結構な金額だ（加盟者は脱サラとは限らず自営業者も多い）。それでもコメダ珈琲店への加盟が相次ぐのは、これまで紹介した出店数の伸びとFC店率の高さが物語っている。来店客だけでなくFC店オーナーにとってもコメダの人気は高いのだ。

その秘密の1つが開業後のロイヤリティ（納入金）だ。一般的なFC本部は売上げ連動型をとっており、「月額売上高×何パーセント」というのが多い。これが5％か8％、あるいは10％になるかは本部の考え方によって異なる。これに対してコメダは、1席当たりの月額ロイヤリティは1500円（×座席数）。来店客数が増えれば増えるほど、FC店側が潤う仕組みとなっている。

前に紹介したように、コメダ珈琲店は創業まもない1970年からVC（ボランタリーチェーン）展開を始め、後にFC展開に移行したので、古くからの加盟店も多い。これらFC店がコメダブランドを培ってきた。

コメダス

37

なぜ、知多半島郊外で、お客が1日600人も来るのか？

「店のある半田市（愛知県）の岩滑《やなべ》地区は、『ごんぎつね』で知られる童話作家・新美南吉の故郷で、新美南吉記念館もあります。秋になると近くの矢勝川堤に咲く約200万本の彼岸花を見に、全国から観光客が訪れる場所です」

「コメダ珈琲店 半田やなべ店」を経営する有限会社ウチヤマの内山満さん・民江さん夫婦は、こう教えてくれた。オープンしたのが1997年。愛知県道265号線沿いの場所は、開業当初は店も少なかったという。二人三脚で店を切り盛りした結果、現在は1日平均600人が来店する人気店となった。

「コメダ人気」を当て込んで（?）、今では同市内に、「ダフネ」「元町珈琲」「支留比亜《シルビア》珈琲店」「星乃珈琲店」などの競合店が軒並み進出する激戦区となった。

人口12万人弱の半田市は知多半島の中心地だが、半田やなべ店は繁華街ではなく郊外型店だ。周囲には高い建物もなくお客の大半はクルマで来店する。そんな立地だが、取材日の火曜日11時頃に訪れると、すでに10人ほど座席が空くのを待っていた。店には中日スポーツが9部（！）も置いてある。20年近く人気店を維持するノウハウは、どこにあるのだろう。

「コメダらしさでこだわっていることは『スピード』『仕込み』『段取り』です。お客さんが着席されたら、すぐに冷たい水と温かいおしぼりを出す。ご注文を受けたら、温かいドリンクやスナックは温かく、冷たいものは冷たいうちに提供してお客さんを待たせない。そうした基本を地道にやり続けてきました」（満さん）

そもそもコメダ珈琲店のＦＣ店となったきっかけは、名古屋市出身の民江さんのお父さんが本店（名古屋市瑞穂区）の常連客だったことにある。自社所有であるこの土地の活用先を探していた当時、「コメダはいつ行ってもお客さんがおるで」というアドバイスを参考に本部主催の加盟相談に行き、決断したそうだ。１億円ほどの準備金も工面して用立てた。

「コメダに来るお客さんは、好みも人それぞれです。常連客の『いつもの…』も、ある人はモーニングのトーストをよく焼く、別の人はパンの耳は切ってほしい、ミニサラダのトマト抜き、キュウリ抜き…と、お客さんの顔を見れば覚えています」（民江さん）

年中無休の店を20年近く切り盛りしてきた内山さん夫婦は、市内に大型商業施設が開店したり、隣の市である常滑市に中部国際空港が開業し、競合店も続々進出といった周辺環境の変化も体感してきた。

「お客さんが来られたら、大きな声で『いらっしゃいませ』、帰られる時に『ありがとうございました』と声に出す。当たり前のことですが、いまそういう店が何軒ありますか。最近は『選べるモーニング』もあり、『昼コメ』も始まったので、１人のお客さんに説明する時間も増えて、現場の仕込みも大変ですが（苦笑）、これからもコメダに来てよかったというお客さんと向き合い続けます」

コメダス
38

なぜ、「抹茶シロノワール」を出す新業態が生まれたのか？

今度は名古屋市内の別業態のＦＣ店を紹介しよう。「甘味喫茶　おかげ庵　茶屋ヶ坂店」（名古屋市千種区）で話を聞いたのが、同店を経営する株式会社カプリ代表取締役の樋口宗彦さん（44歳）だ。樋口さんは「おかげ庵 滝の水店」（同市緑区）も手がけており、コメダが展開する「おかげ庵」7店舗のうち2店舗を経営している。

これ以外に「コメダ珈琲店 日進竹の山店」「コメダ珈琲店 日進米野木店」（いずれも愛知県日進市）も経営する。地下鉄の駅から徒歩7分の店（茶屋ヶ坂店）もあれば、最寄り駅から徒歩30分かかる店（日進竹の山店）もあり、4店舗の客層はさまざまだ。

「おかげ庵の茶屋ヶ坂店、コメダの日進米野木店は年配のお客さんが多いですが、コメダの日進竹の山店は学生のお客さんが多いです。周辺に愛知学院大、名古屋外国語大、名古屋学芸大、愛知淑徳大があるからですが、接客でやることは同じです」（樋口さん）

各店舗の集客は好調で、毎日多くのお客さんでにぎわっているという。ちなみに、おかげ庵はコメダ珈琲店とは違い、七輪を使って自分で焼くことができる団子や餅もあれば、鉄板で提供する焼きうどんやナポリタンスパゲティもある。甘味を楽しむ「時」と「間《ま》」を提供する〝和風コメダ〟ともいうべき業態だ。

2004年に日進米野木店から始めた樋口さんにとって、コメダFC店の経営はストレスが少ないものだった。

「それまでレストランやホテルのバーでも働いていたのですが、コメダは店の運営に専念することができます。レストラン時代は、新しいメニューを考えたり、仕入れ業者との折衝などに時間を取られましたが、コメダでは本部に委ねることができるからです」

ファッション好きな樋口さんだが、ビジネスと自分の趣向を分けた結果、コメダのFC店運営になったという。

「たとえばホテルのバーは、ハイセンスな内装の中で客単価数千円の商売ですが、景気が悪くなると一気に客足が落ち込みました。でもコメダには日々お客さんが来られる。お客さんからも『ステーキ屋さんにはたまにしかいかないけど、コーヒーやパンは毎日食べる』といわれる手堅い商売です」

これまで写真で紹介したように、コメダの店舗スタッフは、シャツ姿にエプロンをつけて帽子をかぶる。ファッショナブルではないが、「お客さんに勝たない」ためだという。

「敷居が低くて気軽に来店できるのがコメダの特徴です。アルバイトの学生さんに言うのが、『とにかく元気よく働こう』と。自分の今後の人生のために、店を使って成長してほしい。そのためにお客さん目線での接客を考えて行動するように伝えています」（樋口さん）

コメダス
39

特別インタビュー

創業者・加藤太郎氏が語る「コメダらしさ」とは

これまでメディアに登場することがなかった、コメダ珈琲店・創業者の加藤太郎氏（現・珈栄舎代表取締役）が、今回取材に応じてくれた。加藤氏が情熱的に語る話からは、コメダへの思いだけでなく1960年代以降の名古屋の喫茶文化の一端も感じられた。早速お届けしよう。

他の店と同じでは面白くない　消費者目線で「お値打ち感」を追求した

——コメダ珈琲店の創業は1968（昭和43）年2月、那古野《なごの》（名古屋市西区）の地で始められました。

ええ、コメダはね。実はその前年に「ボンヌ」という飲食店を牛巻（同市瑞穂区）で経営したのですよ。ここを1年余りで閉じて、名古屋の下町・那古野で1号店（コメダ珈琲店　菊井店＝2014年3月末、ビルの老朽化のために閉店）を始めました。「珈琲所　コメダ珈琲店」を掲げ、本格的なコーヒー専門店をめざしたのです。当時は私が1杯ずつ手で淹れてお客さんに提供しました。大阪の商社に足を運び、当時珍しかった「ガジア」というエスプレッソマシンも導入したのです。でも、これはちょっと時代が早かったなあ（苦笑）。開業して3カ月ほどは集客に苦労して、手持ち資金が目減りする一方でしたが、徐々に地元客を中心に認知されていったのです。

年商3億円の店でコメダの基本方針が確立

ご近所の喫茶店だったコメダが最初に飛躍したのは、1977年2月に開業した石川橋の店（瑞穂区の上山店。現在のコメダ珈琲店 本店）からです。店は座席数が約100席、その後、2階席も増設しました。この開店と同時に「シロノワール」も始めました。年商1億円を目標にしていましたが大人気となり、最盛期には年商3億円を売り上げました。

この時期にコメダのコーヒーを均一にしようと決めたのです。地元の老舗レストランの店長から「加藤さん、コーヒーを急速冷凍すると風味が24時間以上持ちますよ」という話を聞いた。すでに長時間営業をしていたので、当時の私は早朝から深夜まで次から次へとコーヒーを淹れる毎日。「これはかなわんなあ」と思い、淹れる人によって微妙に味が変わるのではなく、どこでも同じ味を提供してお客さんに満足していただこうと考えました。

地元の大手厨房機器メーカー・星崎電機の当時の担当者が非常に熱心で、コーヒーマシンを何度も何度も試作しながら開発。試行錯誤の末に完成したマシンを導入。それが現在のコメダのコーヒーの原点となりました。

もちろん淹れたてのコーヒーはおいしいですが、コーヒーは嗜好品なので、人によって好き嫌いがある。万人が好むような味に近づける一方、濃厚なフレッシュ（コーヒーミルク）にもこだわりました。最近はコーヒーをブラックで飲む人も多いですが、コメダのコーヒーはフレッシュと砂糖を入れて飲むのがおススメです。

――コメダ名物の「シロノワール」は、ファンも多い人気商品です。開発された経緯を教えてください。

石川橋に店を出す時に周囲に相談したら、猛反対されました。「絶対に失敗するよ！」とみんな断言する。あまり反対されるから心配になって（笑）、「じゃあパンのメニューを増やそう」と決め、日清製粉の主催するパン教室に習いにも行きました。この時にパンメーカーであるフランスパン（現在はコメダが買収）と取引するようになり、あの64層のデニッシュパンを開発してもらったのです。形も四角はありきたりなので円形にしました。

シロノワールがあんなに大ヒットするとは思わなかった。だって最初は毎日売れ残り、泣く泣く捨てたのですよ。それが徐々に人気が浸透していき、看板商品に育ったのです。

私はもともと新しもの好きなので、石川橋ではモーニングサービスにも新鮮味を打ち出そうと、トーストに代えてクロワッサンを出したところ大評判となりました。

一方で、安易に流行に飛びつくことはしません。当時の名古屋では「レストラン喫茶」と呼ぶ、食事メニューを充実させた業態の店が流行っていました。ハンバーグ定食や生姜焼き定食、カレーライスなどのごはんモノを出す店も多くありました。

でもコメダはパンメニューしかやらなかった。他の店と同じことをしたくなかったこと、そしてプロの料理人を雇用しないですむためです。当時の料理人は気が荒い人も多くて、少し気に入らないとすぐに辞めてしまう。経営者よりも立場は上でした（苦笑）。飲食業界で「調理場は神様、ホールは奴隷」なんて言葉があった時代です。

均一化されたコーヒーと同じように、調理研修を積めば誰でもできるようスナックメニュー※を整えていったのです。

※コメダではフード全般をスナックと呼ぶ。

独自性があり、大企業が追随しない店

――スタイリッシュなカフェではなく、昔ながらの喫茶店というのがコメダの特徴です。客層を選ばない敷居の低さにもこだわってきたと聞いています。

もともと名古屋は喫茶店が多く、石を投げると喫茶店関係者に当たるといわれた土地柄です。だから差別化のためにいろんなことをしましたが、どんな人にも利用しやすい店をめざしました。

コメダの開業直後の苦戦した時期に、紹介されてコンサルタントに会ったことがあります。そうしたら「どんな客層に絞っていますか」と聞かれた。「気軽に利用できる喫茶店で何を言っとるんだ、二度と頼まない」と思いましたね。たとえばファッション関係者のような高感度な客に向けた店は、普通の人には日常使いの店にはなりません。もし利用しても「話のネタに一度行ったからもう十分」と思うのではないでしょうか。

コメダは「喫茶店を会社の応接室や自宅の居間のように使う」名古屋のお客さんと向き合ってきました。名古屋の人は合理的に考えます。喫茶店に行けば、水もおしぼりも出てくる。冷暖房も完備しているので自分で電気代を払わなくていい（笑）。飲食代はかかるけど、会社や自宅で準備して後片付けをすることを考えると、利用したほうが便利だ、と。

でも使い勝手がよくなければ利用してくれません。私も若い頃は、当時の喫茶店関係者のバイブル的存在だった柴田書店の『月刊喫茶店経営』を買い、熟読していました。新しい店が次々に紹介されているのですが、数カ月後にそれを模した店がすぐ現れる。こんな追いかけっこをしていても仕方がないな、と思いました。そこで差別化のために「駐車場完備の大型店」「長時間営業」「コーヒーは均一の味」という基本方針を定めたのです。

それから当時は、サラリーマンでも「一国一城の主」になりたい意識が強く、「喫茶店でもやるか」「女房に喫茶店でもやらせようか」と考える人が多かった。今と比べて比較的低資本で始められた時代ですが、「でも」という限り本気度は弱い。

玉石混交のなかで本物や差別化を考えていきました。長く続く店にするために、大資本に追随されないことも考え、お客さんを楽しませる工夫を商品以外にも取り入れました。

たとえばコメダのクリームソーダの容器は長靴型ですが、これは創業時のこだわりです。実は、開業前に食器メーカー・大和食器の部長と商談をしていて、先方が「ジュースやデザートの容器はどうしましょう。これがジュースグラス、これがデザートのサンデーグラスとなります」と説明されました。「どうしてこの形なの」と聞いたら、「いや、昔から決まっている」と――。その時に「このほうが飲みやすく食べやすい」と言ってくれれば、「なるほど」と思ったかもしれませんが、昔から決まっているでは説得力がない（苦笑）。

もっと、今までにないものを打ち出したかったので、半年間、彼と一緒に、食器メーカーから百貨店の食器売り場まで行脚して、これはと思うものを探し続けました。その中で、百貨店であのブーツグラスを見つけて、コメダオリジナルとして取り入れたのです。ダルマ型グラスの導入もその時です。フタつきですから長い間、冷たさが維持できるのですよ。

――そのブーツグラスでクリームソーダを提供されて大評判となった。ソーダ水の上に載せるのは、なぜアイスクリームではなく、ソフトクリームになったのですか。

だってソフトクリームのほうがおいしいもの（笑）。やはり、既存のやり方が面白くなかったのでしょうね。いち早く、高額なソフトクリーム機器も導入しました。アイスクリームディッシャーで載せるアイスよりも、新鮮なソフトクリームはおいしいですから。

――私は名古屋人にとってソフトクリームはソウルフードであり、それは「スガキヤ」（名古屋地区で人気の大衆ラーメン店でソフトクリームも安い）の功績だと思います。コメダのシロノワールやクリームソーダは、そのソフトへの郷愁も上手に取り込んだのではないでしょうか。

ああ、スガキヤか。それはあったかもしれないですね。実は、私はコメダを創業する前の学生時代、ビルの地下2階の「陣屋」というステーキ店でアルバイトをしていたのですが、その店の斜め前にスガキヤがあり、ソフトクリームを出していました。言われてみると、その深層心理が脳裏にあり、ソフトクリームの導入につながったかもしれません。まったくゼロからの発想というのは、なかなか出てこないですから。

名古屋は「お値打ち感」のあるものを出す文化です。クリームソーダのソフトクリームもグラスからはみ出すほど載っていますし、カツサンドのキャベツやスナックメニューに添える野菜もたっぷり入れ

ます。名古屋人はケチではないのですよ。たくさんの野菜もやり続けることが大切。天候不順で野菜の収穫に影響が出て、レタスやキャベツやトマトなどが値上がりすると、野菜を減らそうとする店もあります。とんでもない。絶対にそうしてはいけません。いま、野菜が高いことを主婦のお客さんはよく知っているのですよ。「こんな時期なのにコメダはたくさん野菜を出してくれる」と喜んでくれて、リピーターになってくれます。

「高い時ほどチャンスなんだよ」と周囲にも伝え、量を減らすことなど考えませんでした。そのコストアップなんか、たいしたものではありません。

　繁盛店をつくるのは、そんなにむずかしいことじゃない。経営側から考えるのではなく、お客さんの立場で考えて、他店よりも魅力のある点を1つでも増やすこと。飲食のボリュームが多いとか、座席が落ち着けるとか、それを地道に行えば常連客が増えると思います。

コメダ株式を譲渡した理由

——そこまで愛着を持たれていたコメダの全株式を、

2008年に投資ファンドのアドバンテッジパートナーズに譲渡されました。後継者候補の息子さんもいたのに、なぜ売却されたのですか。

コメダの企業規模が拡大するにつれて、人事や総務や経理・財務など社内組織を整備する必要に迫られていました。実は、ぼくは組織をつくるのが苦手でしてね。譲渡前はすでに店舗数が300店を超えていましたが、本部社員はわずか12人で回していたほどです。

息子は1983年生まれで現在は33歳（当時20代）。ブラジルに1年留学してコーヒービジネスやカフェビジネスを学んだこともあります。「でも、どうする。やるか？」と聞いたら、「親父のつくった会社だからどちらでもいいよ」と、何が何でも継ぐ意思もなかった。結局、何年か自問自答した末に、コメダの次なる飛躍のために、事業を譲渡しようと決断したのです。現在、私は投資案件を扱う会社を経営していますが、息子もこの会社にいます。彼にはこちらの仕事のほうが向いているようです。

コメダ珈琲店のことは、それは気になりますよ。いまでもコメダの幹部は、折に触れて挨拶に来られますし、上場した時も来られました。上場によって知名度が上がり、さまざまなお客さんにコメダ珈琲店にきていただきたいですね。

コメダは喫茶業ですが、私はその本質は「貸し席屋」だと思っています。企業の応接間や自宅の居間の代わりにご利用いただく。こんなお値打ちのところはないですよ。コーヒー1杯で雑誌を2冊読めばモトが取れますから。一時、コーヒー専門店は、空間に密集させて固いイスを導入し、座席の回転率を上げることで利益向上を図りました。ぼくは反対を考えた。回転率なんか上げないで、完全個室まではいかないけど心地よい空間にしようと。あのソファも間仕切りも、高さはもう少し上げたほうがいいかな、と自分たちで試行錯誤し続けた結果です。

ここまで多くのお客さんにお越しいただくようになったのはありがたいですが、一つ強調しておきたいのは、コメダはFC店オーナーやFC店スタッフのみなさんのおかげで、ブランド価値を上げていただいたということです。これからもFC店と二人三脚で、お客さんの居心地を追求してもらいたいですね（談）。

かとう・たろう
1945年1月愛知県名古屋市生まれ。米穀店経営の長男として生まれたが、生家の商売を継がず、学生時代から飲食店起業をめざす。「喫茶店になったのは、たまたま」だそうだが、1968年、23歳で「コメダ珈琲店」を創業。77年から同市瑞穂区に基幹店を移し、年商3億円の繁盛店に育て上げる。その後もFC店中心に店舗を拡大し、国内店舗数が300店を超えた2008年、コメダの全株式を投資ファンドのアドバンテッジパートナーズ有限責任事業組合（AP）に売却した。現在は珈栄舎代表取締役として事業を続けている。

コメダス
40

なぜ、コメダは「FC店を重視」するのか？

全店舗の98%を占めるFC店が「コメダ珈琲店」を培ったことは、これまで紹介したとおりだ。最後に、現社長の臼井興胤さんに本部とFC店との「向き合い方」を語ってもらった。

（臼井）私はセガやマクドナルド時代も本部とお店との関係を見てきました。そこで学んだのは、組織が大きくなると「現場で毎日来店客と向き合う人」と、「上がってきた数字で判断する人」に役割が分かれ、本部主導で物事を進めると失敗することです。コメダに来て痛感するのは「FC店こそコメダブランド」だということ。日々の現場を知らない本部社員がFC店にあれこれ指示するようになれば、コメダ珈琲店は衰退していきます。

いま、コメダの店舗数は700店を超えました。複数のFC店を運営するオーナーもいますから、約340の独立系オーナーの集合体が「コメダ珈琲店」となっています。実は、これこそがコメダの強みなのです。「本部主導で施策を実現できる直営店が多い方がブランドとしては強い」と思う人もいますが、実際は逆です。中央集権的な本部主導でやる店と、700の現場が創意工夫で行う店と、どちらが来店客のためになるかはいうまでもありません。かつてのコメダFC店は、本部なんか当てにしていませんでした。3年前に本部が初めてキャンペーンを行おうとして「よろしくお願いします」と伝えても、「あ、ウチはやりませんから。この時期はただでさえ忙しいので」と言い切るオーナーもいたほどです。

コメダ本部とＦＣ店とのパイプ役がＳＶ（スーパーバイザー）という職種だ。この職種はコンビニチェーンにもあるが、総じてコンビニのＦＣ店オーナーよりもコメダのＦＣ店オーナーは自負心がある。「今までのＳＶは御用聞きタイプが多かったが、今度のＳＶは相談できる人が来てくれた」と本音を漏らすＦＣ店オーナーもいた。本部とＦＣ店は「求心力」と「遠心力」の関係といえる。臼井さんの話を続けよう。

（臼井） 一方で、外食を取り巻く環境が厳しくなり、時代とともにお客さんの嗜好も変わってきました。それを見据えて従来のやり方を少しずつ見直す必要も出てきたので、新メニューの開発やキャンペーンも実施しています。でも、それを現場で判断して使い勝手をよくするのは、最も現場を知るＦＣ店オーナーとお店のみなさんです。そのやり方は、立地や店舗によって異なっていてかまいません。これからもコメダはＦＣ店オーナーの創意工夫に委ねながら、コーヒーやパンの調達などは本部が支援してブランド力を高めたいと思っています。

昨年、ぼくは興味深い体験をした。ある週刊誌でコメダの記事を１週早めて掲載することになり、無理に臼井社長に取材をお願いした。それに応じてくれた臼井さんが、土曜日の取材場所に自宅近くのコメダＦＣ店を予約しようとしたところ、「週末は一段と混むのでご遠慮ください」と丁重に断られたのだ。社長よりも来店客が大事――この姿勢をＦＣ店オーナーが持ち続ける限り、コメダ人気は続くかもしれない。

名古屋人が夢見る「コメダの全国制覇」

「コメダ珈琲店」について、本拠地の名古屋地区で話を聞くと意外な事実が見えてくる。巨大チェーン店ゆえ、もう少し地元で反発する声が多いと思っていたが、支持する声が多いのだ。

「名古屋発のコメダがここまで全国に拡大した」と、どこか誇らしげな気持ちがあり、ブログやツイッターなどのSNSで発信する人もいる。名古屋弁で言うと、「コメダも大きなったな〜」という思いだ。

たとえていえば、甲子園の高校野球で愛知県代表が勝ち進むのを応援する県民感情のようなものか。

そうした状況を、ぼくがテーマとしている「経済」と「生活文化」の視点から分析してみたい。

まず経済の視点でいうと、一般的に名古屋企業は独特だ。「閉鎖的」と「進取の気性」の両面を持つからだ。

名古屋企業が閉鎖的だった理由は、地理条件や気候に恵まれた立地の一方、さほど競争原理が働かず、地域一番企業が多かったこともある。

その代表例が「旧五摂家」と呼ばれた企業だ。具体的には、かつて名古屋の財界に君臨していた「東海銀行（当時）」（金融）、「松坂屋」（百貨店）、「名古屋鉄道（名鉄）」（鉄道）、「中部電力」（電力）、「東邦ガス」（ガス）の5社だ。そして時に〝田舎大名〟的な一面も見せた。

かなり昔に名鉄グループの入社式に参加したことがあるが、「みなさんは、この地方を代表する企業に入ったので、胸を張ってください」と訓示があって驚いたこともある。

でも、閉鎖的な風土はかなり崩れてきた。名古屋駅に髙島屋が進出して人気が定着し、松坂屋が大丸主導のもとで経営統合して「大丸松坂屋」となり（百貨店の屋号は継続）、東海銀行が「三菱東京ＵＦＪ銀行」になり名前が消えた現在、田舎大名ではいられなくなったからだ。

一方で、壮大なロマンも掲げて成長した名古屋企業も目立つ。その代表がトヨタ自動車だが、古くから社名に「日本――」とつけて飛躍をめざした会社も多い。

たとえば、現在は世界40以上の国・地域に事業展開するグローバル企業となった「ブラザー工業」の前身社名の1つは「日本ミシン製造」だ。同社は自由闊達な企業風土があったので、ミシンメーカーから飛躍できた一面もある。社名でいえば、「日本碍子《がいし》」の本社も名古屋市内だ。地域一番企業でよしとすれば、こうした社名にはしなかったはずだ。

次に生活文化から見てみよう。経済とは表裏一体な面もあり、閉鎖的だったゆえに独自の食生活や食文化が育まれた。岡崎の八丁味噌を使った味噌カツや赤だしはその代表例だ。味噌カツも首都圏に浸透した。

東京都内でコメダが徐々に存在感を増すのを見ると、「カフェに関しては東京が名古屋化している」とも感じてしまう。ただし、名古屋人は変節したものに対しては手厳しい。コメダのことを地元が応援するのは、昔ながらの喫茶店の雰囲気を保ちつつ拡大しているからだと思う。

また、名古屋人（この場合は＝愛知県民）には複雑な感情がある。ぼくが小学生や中学生時代には、同級生から次のような話を聞いた。

「東京や大阪も結局、こちらから出ていった徳川家康（現在の愛知県岡崎市出身）や豊臣秀吉（同名古屋市中村区出身）がつくった街だろう」

「東京の山手線の駅前なんてのは、各駅に「栄」（名駅と並ぶ名古屋の二大繁華街の1つ）があるようなものだ」

首都圏・関西圏に次ぐ三大都市圏でありながら勝てない無念さが、子ども心に出ていたのではないだろうか。一小中学生の個人的な意見ではなく「名古屋人の深層心理」だと、大人になった今でも思っている。

そんな名古屋人にとって「こちらから出ていった」コメダ珈琲店が店舗拡大を続け、スターバックスやドトールに次ぐ国内3位となった。スポーツ大会でいえば、準決勝に進出したようなものではないか。

ここまできたので、東京のドトール（創業者の出身地は埼玉県深谷市なのだが）や米国のスターバックスに勝って、全国制覇を成し遂げてほしい――のだと思う。

その先の世界制覇は…たぶん名古屋人はそこまで入れ込んでいない。

おわりに

「また、行きたい店」と「一度行けば十分な店」

喫茶店やカフェには、2つのタイプがあると思う。「また、行きたい店」と「一度行けば十分な店」だ。いや、外食店そのものがそうだろう。外食店との出合いは、大げさにいえば人生の一部といえるかもしれない。

「また、行きたい店」は、人によって思い入れが違うはずだ。

ぼくの場合は、これまでの仕事先の延長線上にある店が多い。

たとえば出版社に勤務していた時代の東京・御茶ノ水や本郷三丁目、少し足を伸ばした神保町の店。

消費財メーカーで仕事をしていた時代の東京・亀戸や茅場町、水天宮や人形町の店。

かつて働いていた会社よりも、ランチで出かけたさまざまな店のほうに郷愁を感じて、また行きたくなる。年齢を重ねるにつれ閉店した店が増えるのも、人生に似ているかもしれない。

経営や生活文化の視点でカフェを取材するようになってからは、学生時代や若手社員時代に好奇心で足を運んだ名喫茶店も、行きたい店のリストに加わった。

仕事柄、意識して取材や打ち合わせ場所としてカフェを使う場合も多いが、これは視察も兼ねているので、行きたいという感情とは少し違う。でも、そうした中にいい店があり、また、行きたい店となることもある。

「一度行けば十分な店」は、説明するまでもないだろう。話題になっていたので話のネタに行ってみたが、ふ〜ん、こんなものかと思った店。期待したけどおいしくなかった店。味や居心地の割に値段が高いなと思った店。店員の接客態度に不快な思いをした店……。

でも、気になっていながら行っていない店は、小さなストレスが残り続けるので、その解消のためにも一度行くことは必要ではなかろうか。

カフェを選ぶ行為は「消費者心理の象徴」だと思う。その理由は手軽な価格で——ほとんどの店がポケットに小銭があれば——利用でき、今日の自分に使い勝手のよい店に（無意識で）行くからだ。ぼくはメディアから取材を受ける時は「その日の気分でピンと来た店を選ぶ」と説明している。

たとえば、13時から会議があるあなたが、12時40分に終えたランチの後でカフェに行く場合、時間も限られているのでコーヒー1杯200円程度の店を選ぶのではなかろうか。

そんなあなたも、休日に、前から欲しかった服やカバンをセールで安く買った場合（その浮いたおカネもあるので）、上手な買物をした自分に満足しつつ、少し高級なカフェで余韻に浸るのではなかろうか。

人がカフェを選ぶ理由はさまざまだ。「外出先で何か飲みたい」「歩き疲れて休みたい」「人と待ち合わせ」「商談や懇談」「取引先の近くで時間調整」「モバイル機器をチェックしたい」「読書」「資料読み」など、それぞれの状況で、予算と相談しつつ店を選ぶ。

今回取り上げた「コメダ珈琲店」はこれだけの人気店なので、愛用者にとっては「また、行きたい」と思う店だろう。最も大きな理由は本文でも繰り返し紹介したが、気軽に行ける（店の立場では、客層を選ばない）からだ。

一般的に、人は年齢を重ねると自問自答して「身のほど」を知るようになる。若い頃に利用した店でも「卒業」していく。お客さんが若い人ばかりの店に、中高年で行く人は多くない。どこか場違い感を持つからだ。

一般的なセルフカフェはそうした店ではないが「落ち着けない」という声がシニア世代から上がるのは、「自分にとって心地よい店ではない」ということだろう。でも、コメダは年齢を重ねても行きやすい。

ぼくにとって、コメダは気合いを入れなくても行く店だ。店舗数が多いので、取材や懇談、1人ランチなど何かの機会に行っている。

選ばれるカフェは、記憶に残る存在であることも大切。「そうだ××に行こう」と思い出される店でなければならないからだ。

2016年9月　高井尚之

著者

高井 尚之

たかい・なおゆき／経済ジャーナリスト・経営コンサルタント

1962年名古屋市生まれ。㈱日本実業出版社の編集者、花王㈱情報作成部・企画ライターを経て2004年から現職。出版社とメーカーでの組織人経験を生かし、大企業・中小企業の経営者や幹部、担当者の取材をし続ける。「現象の裏にある本質を描く」をモットーに、「企業経営」「ビジネス現場とヒト」をテーマにした企画・執筆多数。2007年からカフェ取材も始め、テレビやラジオの放送メディアでも解説を行う。著書に『カフェと日本人』(講談社)、『「解」は己の中にあり』(同)、『セシルマクビー 感性の方程式』(日本実業出版社)、『なぜ「高くても売れる」のか』(文藝春秋)、『日本カフェ興亡記』(日本経済新聞出版社)、『花王「百年・愚直」のものづくり』(日経ビジネス人文庫) などがある。

(連絡先) takai.n.k2@gmail.com

なぜ、コメダ珈琲店はいつも行列なのか？

2016年11月1日 第1刷発行

著者	高井尚之
発行者	長坂嘉昭
発行所	株式会社プレジデント社 〒102-8641 東京都千代田区平河町2-16-1 平河町森タワー13階 編集 (03) 3237-3732 販売 (03) 3237-3731 http//www.president.co.jp/
編集	桂木栄一
制作	関 結香
装丁	草薙伸行 ●Planet Plan Design Works
表紙写真	よねくらりょう
口絵写真	よねくらりょう／コメダ
本文写真	本田匡／上野英和／田辺慎司／コメダ／高井尚之
販売	高橋徹 川井田美景 森田巌 遠藤真知子 塩澤廣貴 末吉秀樹
印刷・製本	凸版印刷株式会社

 ISBN978-4-8334-2203-1

「コメダ」と「コメダ珈琲店」のあゆみ

1968（昭和 43）年 2 月	創業者・加藤太郎氏、「珈琲所 コメダ珈琲店」を愛知県名古屋市西区で開店
1975（昭和 50）年 8 月	名古屋市北区に「株式会社コメダ珈琲店」を設立
1977（昭和 52）年 2 月	名古屋市瑞穂区に「コメダ珈琲店上山店」（現在のコメダ珈琲店本店）を開店。 同時に、現在のコメダ珈琲店名物となる「シロノワール」の販売を開始
1983（昭和 58）年 3 月	有限会社セントラルコメダ（1998 年 7 月に株式会社化）を名古屋市北区に設立し、 FC 加盟店向けのコーヒーの製造・販売を開始
1993（平成 5）年 4 月	FC 展開を本格化するために、株式会社コメダを名古屋市瑞穂区に設立
1999（平成 11）年 2 月	「甘味喫茶 おかげ庵」を開店
2001（平成 13）年 8 月	株式会社コメダの本社が名古屋市東区に移転
2003（平成 15）年 6 月	関東地区初の店舗として「コメダ珈琲店横浜江田店」（神奈川県横浜市青葉区）が開店
2006（平成 18）年 11 月	関西地区初の店舗として「コメダ珈琲店奈良中央店」（奈良県奈良市）が開店
2007（平成 19）年 8 月	東京 23 区初の店舗として「コメダ珈琲店下丸子店」（東京都大田区）が開店
2007（平成 19）年	「コメダ珈琲店」の国内店舗数 300 店達成
2008（平成 20）年 4 月	創業者・加藤太郎氏が投資会社・アドバンテッジパートナーズ関連会社に、 株式会社コメダ、株式会社セントラルコメダなどの全株式を譲渡
2009（平成 21）年 5 月	大阪府内初の店舗として「コメダ珈琲店大阪本町店」（大阪府大阪市中央区）が開店
2010（平成 22）年 3 月	北陸地区初の店舗として「コメダ珈琲店金沢松村店」（石川県金沢市）が開店
2011（平成 23）年	「コメダ珈琲店」の国内店舗数 400 店達成
2012（平成 24）年 3 月	四国地区初の店舗として「コメダ珈琲店吉野川鴨島店」（徳島県吉野川市）が開店
2013（平成 25）年 1 月	中国地区初の店舗として「コメダ珈琲店広島大町店」（広島県広島市安佐南区）が開店
2013（平成 25）年 2 月	アドバンテッジパートナーズ関連会社が、 株式会社コメダの全株式を投資会社・MBK パートナーズに譲渡
2013（平成 25）年	「コメダ珈琲店」の国内店舗数 500 店達成
2013（平成 25）年 9 月	九州地区初の店舗として「コメダ珈琲店福岡八田店」（福岡県福岡市東区）が開店
2013（平成 25）年 11 月	東北地区初の店舗として「コメダ珈琲店ベイシア白河店」（福島県白河市）が開店
2014（平成 26）年 2 月	FC 店オーナーの研修機能強化のために、横浜市、大阪市に続き、 東京都渋谷区に渋谷研修センターを開設。現在、研修センターは国内 5 カ所に設置
2014（平成 26）年	「コメダ珈琲店」の国内店舗数 600 店達成
2015（平成 27）年 8 月	東日本地区へのパン供給拠点として「コメダ千葉工場」（千葉県印西市）が稼働
2016（平成 28）年 4 月	海外初の店舗として「コメダ珈琲店滬南公路店」（中国・上海市）が開店
2016（平成 28）年 6 月	コメダ珈琲店を運営する株式会社コメダホールディングス（本社・名古屋市東区）が、 東京証券取引所第一部に株式を上場
2016（平成 28）年 8 月	北海道地区初の店舗として「コメダ珈琲店東札幌 5 条店」（北海道札幌市白石区）が開店
2016（平成 28）年 8 月	「コメダ珈琲店」の国内店舗数 700 店達成

・株式会社コメダ 本社　名古屋市東区葵 3-12-23
・コメダ珈琲店　本店　名古屋市瑞穂区上山町 3-13
・創業　1968（昭和 43）年
・店舗数　704 店　（2016 年 9 月末現在）
・従業員数　223 名（2016 年 2 月末現在）
・展開ブランド　「珈琲所 コメダ珈琲店」「甘味喫茶 おかげ庵」